Cost Designing for Product
Development:

In Search for Creative Management

TOYOTA
丰田
产品开发与成本设计

【日】冈野浩　【日】小林英幸　编

金大一　邬素雅　译

潘山海 译校

上海交通大学出版社
SHANGHAI JIAO TONG UNIVERSITY PRESS

内容提要

"成本企划"是在产品开发的初期阶段将成本和利润"造入"产品中的活动。它是由丰田汽车首创的一种成本管理方法。

本书按照产品企划、外观设计、车辆设计、成本企划这四个研究开发过程,分成四章。每章除了主题内容之外,还包含案例、专栏、阅读三部分补充材料。

主题内容介绍了每章标题所涉及的主要概念、发展过程以及历史背景等。案例介绍了丰田代表性的车型研制开发的经过与成本企划活动的内容。专栏总结了从丰田技术人员的实践和经验中得到的知识与智慧。阅读解析了成本企划的主要概念和有关学术研究的动向,以及成本企划在海外发展的现状等。

图书在版编目(CIP)数据

丰田产品开发与成本设计/(日)冈野浩,(日)小林英幸编著;金大一,邬素雅译. —上海:上海交通大学出版社,2019(2021 重印)
ISBN 978-7-313-20332-8

Ⅰ. ①丰… Ⅱ. ①冈… ②小… ③金… ④邬… Ⅲ. ①丰田汽车公司-产品开发②丰田汽车公司-成本管理 Ⅳ. ①F431.364

中国版本图书馆 CIP 数据核字(2018)第 240003 号

@2015 by Hiroshi Okano,Hideyuki Kobayashi
2015 年首次出版于大阪公立大学共同出版会

丰田产品开发与成本设计

编　　者:	〔日〕冈野浩　〔日〕小林英幸	译　　者:	金大一　邬素雅
出版发行:	上海交通大学出版社	地　　址:	上海市番禺路 951 号
邮政编码:	200030	电　　话:	021-64071208
印　　制:	苏州市越洋印刷有限公司	经　　销:	全国新华书店
开　　本:	880 mm×1230 mm　1/32	印　　张:	8.5
字　　数:	209 千字		
版　　次:	2019 年 4 月第 1 版	印　　次:	2021 年 10 月第 2 次印刷
书　　号:	ISBN 978-7-313-20332-8		
定　　价:	68.00 元		

版权所有　侵权必究
告读者:如发现本书有印装质量问题请与印刷厂质量科联系
联系电话:0512-68180638

中文版序言

在现代企业经营环境下,企业要想生存和发展,不仅要具有生产制造上的竞争力,而且还要确保价格上的竞争优势。在这方面引人注目的是在 1960 年初期由丰田汽车开发的、在产品开发阶段实施的、全公司性的利润与成本管理方法。这种管理方法叫做成本企划。

迄今为止,对于成本企划的记述主要以财务及采购部门的实践为主,而没有明确地阐释为了开发出具有竞争力的产品,应该如何开展成本企划活动。

本书在讲述以丰田汽车总工程师(CE)为首的 EQ 推进部、车辆设计部、外观设计部等与产品开发相关的人员的活动的同时,试图通过精通技术的研究者的论述,使本书内容更加真实地还原成本企划的本质。

换而言之,本书把成本企划作为"成本设计"(cost designing)来探讨,将其作为具有多样性不同文化群体的协同活动来看待,又进一步将其作为制度性与文化性的活动的总体来理解。有关这一部分内容请参阅"阅读 1 - 1"的章节,在那里我们归纳出"单位产品·服务的追求""原单位和比率""发生与决定""扎根于组织的全员活动""差额与绝对值""反向计算""会计机能的分散与统合"七个特征,以此来刻画成本企划的原貌。

另外,成本的"不可视性"这一视角也非常重要。标准成本的先驱 Harrington Emerson,早在 100 年前就指出了成本的测定与差异分析会引起误导,因此注意并发现隐藏在成本背后的东西是非常重要的。

　　本书由产品企划、外观设计、车辆设计、成本企划四部分构成。第二部分"外观设计"还包含了"设计预算"的内容,这是同类书籍中不曾涉及的部分。文中介绍了零部件"机能"与"设计"两个要素的混合性,并列举了前照灯总成和座椅等案例——在不影响产品魅力的前提下,如何在预算内控制成本、如何在材料、大小(模具费用)、工艺上下功夫,同时深入介绍了混合动力系统的研发思维。这些都是基于"分析"(analyze)与"综合"(synthesize)两种方式,通过成本概念上的革新来开展设计活动的。也就是说,成本企划要摒弃从前的以财务为中心的旧观念,聚焦于产品企划、车辆设计、外观设计,追求"实务"与"理论"的相互渗透,这也是本书的一个特色。因此,本书由正文、案例、专栏组成了实务部分,而研究者执笔的"阅读"部分则提供了理论的内容。

　　另外,本书也详细地描述了 CCC21、VI 活动、RR－CI 活动、TNGA 等"委员会活动"。本来成本企划是一种基于产品类别的活动,因此有可能会忽视与其他产品开发组织的合作,而这些委员会活动有利于促进各个产品开发组织之间的协作。

　　在本书的撰写过程中,得到了 20 多位丰田汽车技术部的管理者和技术人员的大力协助,在此表示深深的敬意。"专栏"部分有幸请到了丰田产品企划本部、总工程师以及产品成本企划部车辆成本企划室长等人的执笔,"阅读"部分则由经营管理与会计专业以及技术领域的专家来执笔。本书可供产品开发工程师、设计人员、外观设计师、生产技术、生产管理、财务部门、采购部门、营销等部门的工作人员阅读,同样也适合于大学生,硕士生等研究者们阅读。另外,本书的"正文"内容也是丰田汽车技术部门的内部教材。

　　通过本书,将产品企划、车辆设计、外观设计等各部门成本企划的实践活动原原本本地呈现出来,我们希望本书能够有助于加深对于成本企划本质的理解,同时也期待国际间的进一步合作。另外,也希望通过本书对文化特性的探讨,进一步推进以中国文化为背景的中国管理会计的构筑和发展!

2018 年 11 月 29 日

冈野 浩

小林 英幸

序言一

　　2018 年是中国改革开放四十周年,中国经济经历了从学习引进、模仿创新、集成创新,向自主创新迈进的阶段。改革开放初期,中国企业主要靠引进国外的先进技术和设备,利用廉价的劳动力和其他资源生产低成本产品,获得并保持了在世界市场上的价格竞争优势。但是,随着现时中国经济逐步融入世界,市场竞争日趋激烈,仅仅依靠廉价劳动力等难以保持在国际市场的竞争优势。因此,如何通过技术和管理创新,开发出高质量、高附加值的高新技术产品,以赢得新竞争优势,是中国企业面临的一个重要而紧迫的课题。

　　成本企划是 20 世纪 60 年代由丰田汽车等日本企业首创的一种独特的成本管理方法。随后这一方法经过众多日本企业的实践,不断地得到改进和完善,成为在产品开发阶段实施成本管理的战略成本管理方法。成本企划与精益生产方式是日本企业取得竞争优势的两大法宝。

　　中国企业为了尽快缩短与西方发达国家先进企业在生产技术和经营管理技术上的巨大差距,在引进国外先进生产设备和生产技术的同时,引进和吸收了许多西方国家先进企业的管理方法和经验。当然,其中也包括许多日本企业独创的先进生产管理方法。比如说,20 世纪 80 年代中国企业曾经积极学习和借鉴日本式的质量管理方法,形成了全国性的质量管理热潮。这股热潮在推动中国产品提高质量方面,起到了积极的作用。20 世纪 90 年代,则形成了引进和推广精益生产方式的热潮。在这一背景下,众多的中国企业通过导入精益生产方式,在生产管理水平上取得了长足的进展。

20 世纪 90 年代后期,成本企划作为一种目标成本管理方法也曾经被介绍到中国的学术界和实业界。然而,到目前为止,尚未看到中国企业在实施成本企划方面取得显著的效果。之所以造成这种现象,是因为目前存在着两个问题:一个是国内学术界对成本企划的研究还不够深入,没有为企业导入成本企划建立起有力的理论支撑;二是迄今为止国内还没有出版有关实施成本企划具体方法的书籍。本书在中国的出版恰逢其时。

《丰田产品开发与成本设计》是第一本从理论和实务两个方面全面解析丰田成本企划的专著。执笔者既包括多年研究成本企划、成果卓著的大学教授,也包括长期在丰田汽车从事成本企划、具有丰富经验的实务专家。其中两位编者在有关成本企划的理论和实务方面都是屈指可数的著名专家。冈野浩教授是当今日本管理会计研究领域的领军人物,在成本企划日本管理会计研究方面硕果累累,其理论成果已经形成一家之言。小林英幸教授在成为学者之前,曾在丰田汽车就职 30 余年,并且在成本企划部门工作并担任负责人多年,具有丰富的实践经验。

本书聚焦于如何在产品企划、外观设计、车辆设计的研究开发过程中,实现成本、品质、利润之间的平衡,详实地介绍成本企划相关部门是如何通过开发"低成本"而且"高品质"的产品,来获得产品价格竞争力的。

本书对各类企业中负责成本管理的人员,以及负责产品设计开发的人员有很高的参考价值。同时,本书适合商学院以及工程学院的教师和研究者阅读,也可以用作商学院和工程学院本科生及研究生的教材。

谢富纪
上海交通大学安泰经济与管理学院教授
中国技术经济学会常务理事

序言二

在日趋激烈的市场竞争和人工成本不断上涨的挑战下,为了取得持续性的竞争优势以及安定而丰厚的利润,企业的产品需要在开发设计前期注重和追求物美(高品质)和价廉(低成本),因为只有这样才能经得起市场的考验。谈起从源头降低成本、掌握创造利润的机会,则应成本前置,也就是设计开发阶段就对成本进行管控。而日本企业是这方面的先行者,所以对我国的企业管理者和学术界的研究者来说,深入地学习和研究日本企业的成本企划具有非常重要的意义。

本书作者之一的冈野浩教授是我非常尊敬的一位学者,他现任大阪市立大学都市研究中心教授,并兼任商学院教授。他早年在大阪市立大学商学院本科毕业之后,先任职于丰田汽车的人力资源部门,然后回到大阪市立大学经营学研究生院攻读研究生,获得博士学位后留校执教,主要从事丰田的成本管理模式研究。通过近三十年的研究和探索,冈野教授在丰田成本企划和管理会计方面取得了丰硕的成果,成为当代日本最著名的管理会计学者之一。

本人之前就拜读过冈野教授的两本日文著作,《成本企划和产品开发》(日文版书名为:原価企画と製品開発),《成本企划研究的课题》(日文版书名为:原価企画研究の課題),书中描述了大量丰田成本企划的变迁及现状,也可以了解到丰田汽车设计部门的设计思维,同时了解到丰田结合设计部门的成本企划的思维和构成。很多内容都是只有长期深入丰田成本企划部门,才能接触和了解到的珍贵资料。如果这些书籍能够翻译成中文,可以成为我国大学管理学院在管理会计以及产品开发设计课程中的案例或教材!

　　机缘巧合,正好本书的译者之一——金大一先生是我多年的友人。由于他的推荐,我再次读到了冈野教授的著作,很是感慨。首先,本书把成本企划的工作内容进行细分,并辅助了大量的数据和案例。冈野教授也提到本书得到了丰田汽车技术部门的大力协助,甚至曾经担任丰田汽车产品设计、企划和成本企划相关工作的小林英幸先生也执笔撰写了部分章节。因此在阅读某些内容的时候,仿佛看见了丰田成本企划部门的工作现场。其次,也感谢金大一先生和他的团队为完成此本书的翻译而付出的艰苦劳动。本书有大量艰深晦涩的专业术语和丰田内部用语,非专业技高之人难以胜任此职。而我知道金大一先生作为丰田生产体系(Toyota Production System,TPS)的教育传播者,长期以来都在深度接触和钻研丰田。他不但了解日本,同时也深谙中国现状,此书经他之手,让我深感欣慰。

　　我认为此书是迄今为止研究成本企划最好的专著,所以愿意推荐此书给我所在的学院及专业性协会和学会。同时也希望对设计开发拥有热诚的专业人士及学生阅读此书,相信你会受益匪浅!

齐二石
天津大学管理与经济学部　教授

前言

　　日本企业在泡沫经济破灭之后,长期处于发展低迷的状态。虽然从 2002 年开始,日本进入经济复苏时期,但是 2007 年 6 月经历了次贷危机,2008 年 9 月又受到了雷曼风暴的影响。之后,日元汇率持续走高,法人税率上调,自由贸易协定延期,严峻的二氧化碳减排目标的设定,制造业禁止派遣劳动力的法规出炉,召回门的品质问题,东北大地震之后的电力不足等,各种问题接踵而来。

　　在这种大环境之下,要求制造业从全球化战略的高度开发适应全球化市场的产品,开展降低成本的活动。也就是说,在对应上述环境变化的同时,要求制造业实现具有竞争力的生产,即通过开发物美价廉的产品来确保市场的竞争力。成本企划是实现持续的新价值创造的手段。

　　成本企划是 1960 年初以丰田汽车为中心开展的关于产品开发初级阶段进行的有关利润、成本管理的整个公司活动的总称。

　　成本企划的各个阶段由主任工程师(CE)牵头,参与部门涉及EQ(Excellent Quality,优良品质)推进部、车辆设计部、外观设计部、生产技术部、生产管理部、成本改善部(原会计部)、采购部、营销部等多个部门,从各种层面和角度去分析把握成本。

　　迄今为止,成本企划研究主要以日本会计学研究者为中心,多数成果以描述会计部门的实践为主。1990 年初,在日本企业的竞争力不断上升的背景下,由欧洲会计学会,以及产学合作项目 CAM－I(Consortium for Advanced Manufacturing International,国际先进制造业联合会)美国支部与欧洲支部牵头,以英国特许管理会计师公会

（CIMA）、美国管理会计师协会（IMA）、欧洲经营研究机构（EIASM）等机构为中心，对成本企划进行了大量的研究工作。

本书主要针对主任工程师、EQ推进部、车辆设计部、外观设计部等相关部门的成本企划活动进行分析。特别在丰田技术部的技术人员、设计人员以及研究人员的大力协助下，以实现好产品而产生好创意的思维实践过程为焦点，创造全新的实践共同体理论，即"实践知"为终极目标。

在这里所说的"实践"应解释为"并非仅仅局限于习惯和标准，而应在实施过程中及时根据现状的变化修正标准，不断学习其他团队在项目执行过程中获得的经验和教训，以及每日为了变革而获得的知识和行为的总体"。获得解决问题的方法称为"方法知"，获得事物的事实和真理称为"事实知"。但是牛津大学吉尔伯特·赖尔在其著作《心的概念》中认为上述的"方法知"和"事实知"是不同的方法。然而我认为是否可以同时修得这两种"知"（初始部分）的能力呢？这种念头一直萦绕在我的心里。

本书出版的契机要追溯到2009年在大阪市立大学商学部举行的集中讲座——国际管理会计论，当时拜托丰田EQ推进部的小林英幸先生为统括讲师，川治丰明先生负责会计方面的讲解，古场博之先生负责产品企划的讲解。讲义结束后受到了从文科系到理科系本科生、研究生的广泛好评，大家一致要求能够得到本次讲义的内容。最终决定出版此书以满足大家的需求。

按照本书的编辑方针，正文和案例是以丰田汽车工程师和设计师的口述为基础，由冈野负责执笔。专栏内容是由丰田专业技术人员撰写，阅读资料由大学及企业研究所的各位研究专家执笔完成。本书首先可以作为大学的教材使用，同时本书不但介绍了成本企划的结构体系，还具体阐述了车辆设计和外观设计的内容，因此产品开发人员也可以借鉴参考。在此对共同编辑者小林先生在协调丰田公司内部(特别是会计部门)关系方面的不懈努力表示深深的感谢。

　　同时非常感谢奥平综一郎专务的支持,在专务先生的周旋下,促成了丰田汽车技术部的大力协助,专务先生虽然拒绝了执笔撰写的要求,但是为我们提供了大量建设性的意见。后来我们也获得了技术部最高负责人加藤光久副社长的认可。在此,对两位先生的支持表示深深的敬意。最后还要鸣谢给我们帮助和支持的技术管理负责人吉贵宽良常务。

　　本书能够出版,应归功于在丰田技术中心(TTC:美国密歇根州安娜堡市)见到的当时担任总经理的市桥保彦先生,他将本书共同编著者小林先生介绍给我。市桥先生是我家的爱车第一代威姿的主任工程师,同时也应我的邀请,为我当时所在的密歇根大学的大学院进行了学术讲座。对此我再一次表示衷心的感谢!

　　我也要向丰田汽车技术部的 21 名技术骨干的大力协助表示深深的谢意。共同编著者小林先生以对题目的理解深度为基准进行人选之际,我毫无例外地从不同的角度和年龄层得到了各方面的支持和协助,真心地感谢各位在百忙之中提供资料和全心全意的付出。

　　与我其他著作一样,本书的完成也得到了家人的帮助和支持。本书的校对得到了妻子真树和次子浩树的大力协助,在此表示感谢。

冈桥　浩

2015 年 1 月

目录

第一章

产品企划
product planning

一、商品企划是产品企划的基础

广义的商品企划是指从创意构思到商品推出为止的所有活动，通常认为商品企划包含狭义的产品企划。但本书中，我们参照丰田汽车公司的用法，将表示初期阶段企划的商品企划和包含了从投资/成本/收益企划直到量产的活动的产品企划，分别定义加以区别。按照这样的定义，商品企划是指依据公司中长期计划，企划开发契合客户需求的新产品，将这种创意构想具体化，并以此为基准确定产品规格。这个阶段之后，才开始产品企划，开发新技术引领技术革新，打造出赢得新客户的产品，并推向市场。

商品企划中最重要的是硬件和软件之间的融合，担任过丰田速霸（SUPRA）、罗姆（RAUM）、FUNCARGO 等车型主任工程师（CE，Chief Engineer）的都筑功先生，经常会给人们讲一段爱迪生发明电灯泡时的趣事以说明这其中的奥妙。爱迪生为了向世人展现电灯泡的伟大之处，在平安夜，把街道上的人召集在一起，当熄灭街边煤气灯的时候，他一举点亮了事先准备好的白炽电灯泡，正如世人所知，这耀眼的光亮震惊了全世界。爱迪生展示了极具照明效果的电灯泡的使用方法，向世人证明了产品的伟大之处。如果当时他只是做了一场即兴演讲，肯定不会引来世间如此关注。因此，商品企划不但要强调白炽电灯泡这个硬件，还要向顾客展示点灯效果这种使用方法等软的方面，都筑先生想强调的就是这一点。

如果说史蒂夫·乔布斯的苹果公司生产的 iPod（播放器）和 iPhone（苹果手机）是硬件的话，那利用这些硬件提供从音乐下载到如何购买音乐视听的操作方法就是软件了。这个也正是创造新客户，并将产品量产推向市场的最好案例。汽车的商品企划也正如此，更好地融合硬件及软件，最终将产品进行量产推向市场，即产品企划

（涵盖投资、成本、收益等的量产直至销售端的企划）。

二、创意的探讨

　　创意是指企业向顾客宣传的基本理念或概念。所以，一个简单明了的关键词非常重要。新产品创意首先要确定目标市场及目标客户群，确定了目标客户群之后，才能进一步调查目标客户的价值观及特性，创造符合顾客需求的商品。为此，需要针对新款汽车的销售市场展开彻底调研，详细收集汽车市场保有量、消费者特性、购买意向性等数据，有时甚至还需要收集竞争对手相关内容的数据。

　　下一步要实施现场调查，即需要去汽车使用现场确认现状，比如道路环境（高速公路、城市道路、崎岖山路）、主要用途（通勤的代步工具、休闲工具），如果是休闲工具，去现场确认其如何使用。有时候还需要和消费者直接交流，询问其认为不方便之处、不满意之处及满意之处。当然还需要询问顾客对于新企划车辆的期望。这其中最重要的是诚恳地倾听顾客的建议，一定要杜绝主观判断和想当然。

　　上述的调查结果将作为探讨下一代新车企划理念的基础。但是，现场消费者的意见过多时，往往会沉溺于改善，仅靠改善并不能形成新的创意。而一味地满足消费者需求的创意，最后在重量或成本层面也无法立足。作为产品企划的成员，一定要仔细解读顾客的心声，与车辆企划部门的新技术相结合，再提出革新的方案。软件和硬件的融合并非是指单纯的运用现有新技术引领革新的产品创意，而是需要将技术与市场的需求相结合，提出面向市场的创意理念。

　　以技术革新为目标最重要的过程在于头脑风暴。技术革新有时候跟排列组合一样，与同样具有强烈问题意识的同事们一起交流,会形成默契高效的排列组合,其中最重要的是大家做事的姿态。关于这一点,我想引用一段非常有借鉴意义的文章,原文出自日本第一任冬季跨越南极队队长西堀荣三郎所著的《轻叩石桥难渡河》中"千人脚下的松茸"的章节,引文稍长,还是引用其中一段与您共享。

　　这是蘑菇和松茸的故事。一般我们去摘采松茸的时候,常常认为一千个人走过的地方,肯定不会再有松茸可采了,可是第一千零一个人去的时候却惊喜地发现,"啊,有松茸",这第一千零一个人也有可能采到松茸。……也就是说即使有一千个人已经走过的地方,仍然还有可能采到松茸。在大家眼前,有非常多应该被发现的新生事物,我们要通过发现不断获得新的知识,利用这些知识创造新技术为自身、为身边的人提供帮助,为社会做出贡献。所以重要之处在于我们需要具有这样的思维方式才能实现我们的梦想。……我们不能因其他人已经在寻找,主观判断已经没有了而不去寻找,重要的是我们要进行不断的努力,也就是关键在于我们应具有研究者的姿态。寻找探索的诀窍就在于"观察",一旦你认为"这里有问题",就一定要彻底调查。如果有那种认为没有文凭就不能胜任的人,那就大错特错了。我们做事不要找理由,而是虚心坦诚地观察现状。

商品企划阶段还有一个重要的事情就是,怎样制订一个"一贯性"的企划。所谓"一贯性",换言之就是指该商品企划要建立在让世界为之惊叹的信念之上。为此我们必须要明确通过市场反馈的客户需求,并将这些需求反映在企划之中。因此,了解、判断市场的未来变化和市场动向极其重要。在这里,作为"一贯性"企划的重要环节,首先要进行企划使命的定位和寻找创意的关键词。执行这个车辆企划的理由是什么，能够给我们带来什么样的创新，有什么样的收益，使命的定位等。要从不同角度反复论证使命的定位，最终确定"一贯性"的使命目标和创新的关键点所在。这直接影响后期的创意设计，设计师们也会以此为基础进行创新设计。有时，产品继承既有的品牌的传统也极其重要。

进一步讲，要对新创意里提及的销售重点的假定预测进行论证，这对于最终确定企划案来说非常重要。具体来讲，可以将有购买意向的客户召集起来，举行集体预测听证会，或者通过与销售代理店的来访者的交流来进行理论论证。直接倾听来自客户的心声，能够带着更强的信念提出明确的创意。

以经过上述步骤提出来的汽车创意为基础，向公司总经理及经营层提出方案，开始整体项目的运行。无论在任何组织体系里，一个新事物的推出，总会遇到反对的意见。必须要耐心仔细地向这些人阐述汽车创意的重要性，得到他们的认同。虽然这样的工作会耗费很大的精力，但是可以得到大家的理解和认同，之后就会一起参与新项目的实施，这也正是新企划的奥妙所在。解决好诸如此类的公司内部横向合作的事情也是非常重要的。

三、产品企划的历史

《丰田汽车20年史》一书中提到，1953年春天，为了提高技术部门工作的运营效率，成立了一个全新的组织机构——主查室，这个机构既不属于现场管理组织，也不属于职能组织。即使各个机构都能深入精细工作，如果不能把这些机构很好地统合起来，也无法生产出好的产品。因此，在贯彻计划-实施-检查（Plan-Do-See）这一管理循环的同时，需要有一个能够纵向有机地统合全机能组织的机构的存在。为统筹乘用车、普通货车、轻型货车、客车、特种车辆，试验研究等主管部门设立了名为主查①的组织机构,相当于副部长的职位,负责对主管部门的全职能进行纵向指导、指示以及统筹。这个划时代的机构成立后,相关人员有很多不习惯和不满,初期非常抵触,影响了机构的运行,但是随着时间的积累,大家也逐渐理解了这一机构的精神理念,并且给予了广泛的支持。

关于担任过第一代丰田皇冠开发主查的中村健的事迹,有以下的记载。

　　1952 年 1 月,车体工厂的部长中村健也被指名担任新车(第一代丰田皇冠)的开发主查。这是丰田诞生的第一位主查,也是主查制度的起步。所谓主查,是指从设计开始到生产准备为止进行综合推进的协调人员,虽说作为工厂现场出身担任主查并不足为奇,但当时中村是非技术人员出身,引起了很大的争议。中村迅速投入到新车开发的工作当中,但对于乘用车,他掌握的知识仅限于来自海外的汽车杂志和欧美的进口车而已。但他从中洞察了可能成为未来核心的技术和理念,设定了高目标并予以开发推进。例如,前轮独立悬架、低车架、对双开车门等,在当时的丰田技术常识范围内是无法想象的结构,但中村还是顽强地推进,还曾并行开发传统的车轴悬架汽车。公司内部也有很多人对他的顽固性产生了很大意见。但是,市场对于中村的先见评价非常高,从此新皇冠成了日本高级车的象征。在新车开发上,不仅在理论层面上立足于新技术,更带着将来必定成为主流的信念,丝毫不妥协地向前迈进,中村的伟大就在于此。

---

① 20 世纪 90 年代以后主任工程师才开始有明确的定位。现在主任工程师下配置主查,主查只担当一种车型的开发,主任工程师管理多位主查。此处是指主任工程师名称使用之前的主查之称。

以主查室为主启动的产品企划机构,现在已经成为产品企划本部。备受顾客喜欢的汽车制造基因(DNA),就这样代代从前辈身上传承下来了。

所谓产品企划,正如盐泽所记载,依据企业的技术力量、设备能力、资金能力、销售能力等,进行生产和销售符合市场需求的汽车,囊括从生产和销售开始到其结束的整体企划。

根据企划的市场调查报告,剖析总需求、需求构造的变化、用户属性、购买动机、用户期望功能等。首先依据目标客户的创意需求车型,设定销售时机和数量。其次,根据企业持有能力的预测,提供消费者所需功能的产品,确保正当收益,进行全程企划。新车开发通常需要花费三到四年时间,加之车型寿命一般四到五年,因此企划阶段通常需要预测七到九年后的社会环境、经济形势、产业构造、消费者行为及生活方式、竞争对手的动向、技术发展趋势等,同时要以产品能够一直占领市场主流为大前提。

比如,人口的年龄构成、职业构成、国民收入趋势、道路投资、高速公路完善状况、技术革新方向,还有企业业绩提升等,针对这些状况需要做一个长期而高精度的预测,根据预测结果进行企划。

四、主查制度

主查制度是从丰田皇冠的开发开始的,初创期有中村健也和长谷川龙熊两位。在这个制度的运行下,丰田的皇冠、卡罗拉等相继成为全球畅销车辆。作为主查的长谷川在 1979 年 3 月根据卡罗拉开发成功的经验,写下了大家熟知的《主查十条》这篇文章。

长谷川在文章里用"不管怎样,必须要有综合能力"概括了"十条",曾在长谷川手下工作过的人也会异口同声地说出下面的话。

　　"十条"并非是记录开发世界第一的大众乘用车骄傲的经验,而是记录了自身的随感,希望未来有更多的人能够超越自己。工作上非常严厉,但他是个非常有人情味、心胸宽广的老板,这个特征也是他体现的人性。即使是自认为已经理解了"十条",但是执行起来却没那么容易……那只能说"修行"还不够啊。

　　如图 1-1 所示,产品企划的工作是分成不同车型的,成员一般由主任工程师和几名主任工程师级别课长及系长组成,根据车型的规模不同,成员人数会有所变化,但基本上一种车型由不到 10 人来进行项目推进。各种设计与测试归属于各个部门,各个部门在不同的岗位进行工作推进。有时候各部门做的判断无论如何都跨越不了部门之间的壁垒,所以有时候按照不同车型来思维不一定就是最佳的方式。况且,主任工程师对于各部门担当人员还没有人事权,仅仅具有

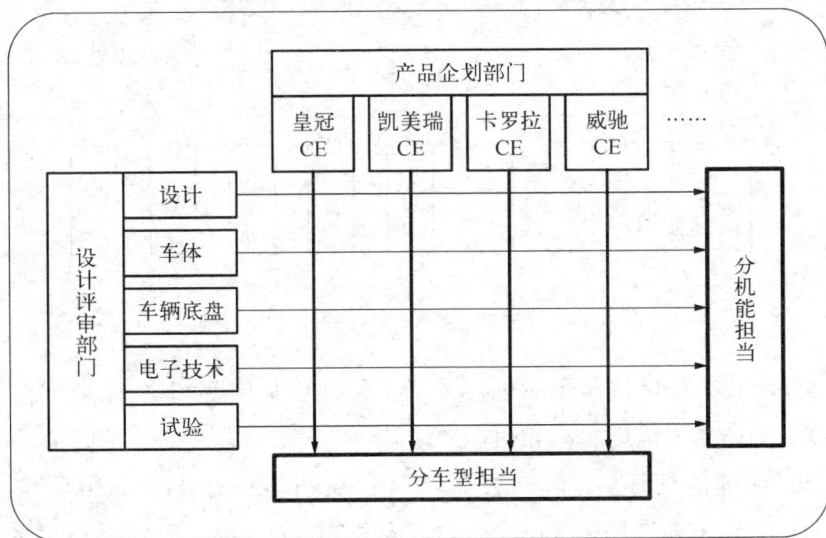

图 1-1　跨职能组织运营

说服力。产品企划部门的人要具有制造消费者喜爱的汽车的热情和信念,探索针对客户的最佳方案,针对跨越部门间的壁垒、跨职能合作的课题,能够说服各个部门长,真挚地对课题做出各种各样的决断。

图1-2表述了主任工程师的权限和责任范围,技术部门的产品开发还需要顾全工厂设备投资,确保车辆开发的各种资源,最终作为商品为企业创造利润,基于此提出企划方案。不仅仅是统合公司内部的销售、采购、生产、客服等企业内部各部门,还需要向供应商以及销售商等企业外部体系进行说明,为实现自己的梦想而努力。因此,主任工程师的职责就是需要融合各关联部门,所以也称其为"总指挥"。

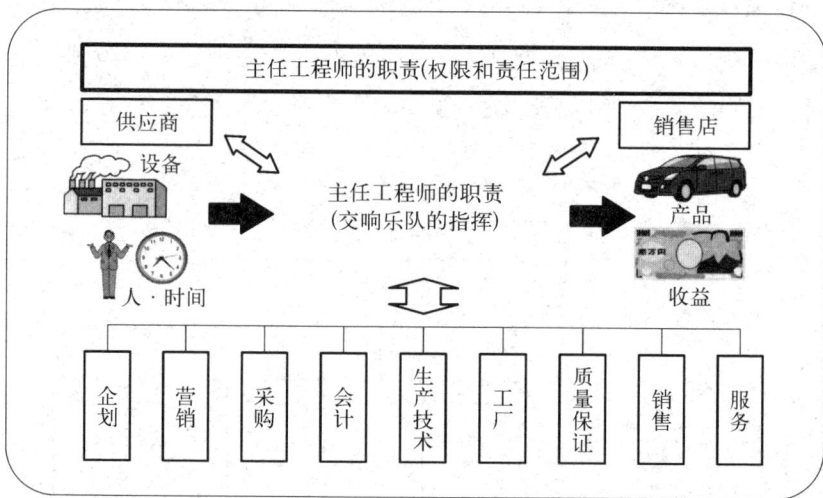

图1-2　主任工程师的职责

丰田之外的汽车企业也导入了主任工程师制度,但总体来讲在欧美的体系内运用起来相对困难。论及理由,很大一部分是因为主任工程师的资质并非速成,需要经过在职培训(OJT: on the job training),另外就是在责任分明的官僚主义体制内很难得到统合各部门的权限。

丰田的主任工程师是一个人人向往的职位,但在同行业其他公司有时却被认为是遭嫌弃的一个职位。这些情况都是因为经营层只赋予主任工程师责任造成的。主任工程师们常常将企划的目标性能、质量、成本、交货期设定成一个又一个的目标值,陷入达成目标向前推移的漩涡里,等到开发布会的时候,又要被经营层质问批评,也难怪会变成一个令人嫌弃的职位。

丰田主任工程师的责任范围,在车辆开发企划开始到下线,一直到新车型上线为止的长时间里,涉及从事业预算到广告销售战略等多个领域。同时,自1953年起持续了半个世纪之久的体系,公司内部更有一种主任工程师受人尊敬的隐形文化,这是支撑主任工程师制度的丰田独特的企业文化。跨职能部门的课题是,虽然经常会有激烈的辩论,但最终会遵照主任工程师的意见,这已经成为大家的默认。所以说主任工程师需要逾越各种障碍,磨炼人格、执念于课题,在热情和信念之下,还需要极力发挥对人的说服力。总而言之,主任工程师必须具备引领团队的坚强的领导力,建立为客户提供"优良汽车"的目标。

有时候一个部门做的判断,对本部门也许是好的,但对客户而言并非最好,这个时候就需要主任工程师秉承信念进行决断,当然企划也存在各种制约条件。虽然重复强调同样的问题,不能"因为有制约而不为",而是需要逾越困难,坚持制造优良汽车的热情和信念,实现强劲领导力的作用。通过说服那些因立场不同而引起的对立,最终解决问题,这也是展示主任工程师能力的最好见证。最后我们来简单了解一下2013年开始的TNGA(Toyota New Global Architecture 的首字母缩写,它是一个涉及汽车研发、设计、生产、采购等全产业链价值在内的创新体系,是丰田开创的全新的"造车理念")企划和主任工程师的关系。

《主查十条》当中有这么一句:"作为主查应竭尽全部智慧。"关于全部智慧的概念,在采访第一代卡罗拉主查长谷川龙雄时,他是这么说的:"只了解技术是不够的,还要掌握战略、作战、说服等全面能力,否则就成就不了事业。"TNGA 是实现帅气和聪明(不但要帅气,还要降低整体成本)的技术之一,这就需要全能的主任工程师具有一定的领导才能,为消费者提供优良的汽车。

五、外观设计、车辆设计及车辆评价的流程

虽说根据车辆项目的大小有所不同,但通常企划是从新车推出的三到四年前就开始。商品企划作为起始阶段,首先在商品企划会议上讨论车辆企划整体的理念,其次决定企划的启动,之后由主任工程师向外观设计部门说明创意理念、目标客户群、卖点、包装图等。外观设计部门则会根据车辆创意理念开始探讨描绘设计构想草图。但是到了决定企划细节提案时,要和销售团队彻底讨论现在模型的不足点、市场未来趋势和目标销售价格等。

描绘设计构想草图,往往采取多位设计师竞投的方式,选择 2~3 个提案制作 1∶4 或者 1∶1 的无色模型,最终选定一个方案做成 1∶1 的无色模型。这个模型出台之后,设计评价部门开始参与,以模型设计 3D 数据为基础,确认设计条件和工艺条件。测试方也要确认 3D 数据,并将意见反馈给设计部门。另一方,在意见讨论会推进的同时,主任工程师将各关联部门召集起来举行概念说明会。让技术、销售、采购、工艺/制造等关联部门尽早参与进来,促进项目顺利进行。

最终确定的方案要进一步改善升级,确立其立案的必要条件。但要注意这个阶段经常会发生一味去考虑条件导致失去其设计性的现象。这时,主任工程师就要变身成审判官,解析必要条件,根据不同情况,有时候会优先考虑设计因素。因为详细分析必要条件时会发现,有些条件跟汽车没有太大关联,或者只是考虑成本因素而已。

　　诸如此类的如何平衡各种关系的工作就是产品企划的主任工程师的职责。过程中调解各方面的平衡也至关重要，否则制造出来的汽车也会滞销。因此，说要和各关联部门紧密合作、共同推进开发的重要性也就在于此。

　　满足条件而决定的设计方案，最后进行设计审查。市场销售及董事会进行最终审核，如果确定最终设计方案，就开始进入图纸的制作工作和量产化的准备。

　　与设计审查同时进行的，还有同步工艺图纸（SE 图纸）的制作以及使用试制车进行性能评价，其中要确定规格的细节和成本构成。首先使用设计成本构成，进行细节分析。最近经常使用四元解析法（质量、规格、零部件数量、成本）的图表进行成本水准推测分析，或者通过现行原价进行推测等手法进行报价。车辆企划的目标原价越早设定，就能越早开始降低成本的意识活动。

　　理想的成本目标，通常是指根据当今市场竞争车辆的价格和型号来进行设定，但是基本上成本目标的设定还是遵循"目标收益"这一基准。到 1990 年为止，基本上是由各种车辆的主任工程师和财务部长比较现状进行收益目标的设定，近年来则是根据企业整体收益方针，分解到各种车辆的收益基准来设定收益目标。

　　目标成本企划完成到一定程度，且满足各项性能指标的方案也已基本成型，同时设计方向性也已确定的阶段，将开发提案提交到相关董事高层部门来判断项目可行性。此时需向高层汇报车辆创意、销售关键点、性能指标、成本、质量指标等，得到认可后进入正式的开发阶段。同时主任工程师召开各关联部门的说明会，为项目推进做到信息共享。

　　开发提案提交之后，依据设计审查中固化下来的设计方案制作图纸，从而进入到实际的产品生产阶段。在这一阶段，需要进行各供应商及各工厂的日程调整及计划管理，确认各个零部件的性能达成状况,同时也确认各自工序的产品内容等。另外,需要使用这些零部件制作一台试制车(Confirmation Vehicle:为确认生产能力制作的试制车),确认其性能是否达标。有时候还需要利用试制车进行路试,在量产前解决所有问题。试制车测试之后开始进行生产准备,并在实际工厂生产线上进行试生产。此时,被称作驻段工程师(Resident Engineer)的产品企划、设计、评审部门的成员们也会来到生产现场,与现场人员一起解决所有问题。

进入到这个节点,销售准备也开始启动。国内销售的情况下,召开大型的商品学习会,全国销售网点的成员聚集在试车场,进行商品知识相关的教育以及销售方法的学习会。海外销售的情况是,虽然地区不同称呼各不相同,但同样是在试车场召开研修会,让销售第一线的员工试乘新车,共同讨论销售方法。

销售准备及生产准备结束后,就要进行新车下线庆典和新车记者发布会。在此第一次向大家展示新车亮点。主任工程师承担着从企划到开发推进、开发日程、成本/收益、生产、发表、销售等贯穿车辆的整体责任。期间,需要和相关部门一起齐心协力完成这一系列工作。大家共同合作制造出来的产品真正问世时的那份感动,无疑是刻骨铭心的。

六、大房间化活动

接下来将关于外观设计、设计、评审部门的相关人员,通过大房间化活动进行介绍。大房间化活动的目的,旨在消除组织体系间的壁垒,使得大家齐心协力按照时间节点制造出满意的产品,跨越组织的屏障共同提携来产生合作方式。大房间这个名称在1997—1998年前后开始使用,迄今为止大多数项目都在使用这个方法。为了能够按照计划完成好产品的产出,必须要加快图纸的完成进度、进行开发大日程的跟进以及跟进性能测试等一系列具体工作。理想的大房间,是指所有关联人员共同常驻在一个大的房间里,推进项目实施。但是,按照现有的项目数量看,所有关联人员按照各个项目常驻在一个大房间很难实现。一般的情况下只有一部分相关人员常驻大房间,而其他人员则都集中到新技术本部的一个大房间进行工作。紧急情况时,项目责任人用手机等将关联人员召集起来积极行动。在现场聚集资料及人员,大家当场解决现场问题,速战速决。虽然今天大房间的方式也产生了变化,但其"召集相关人员,及时判别、及时决断"这一工作方式一直延续下来。

大房间的目的,有以下五点:

① 消除壁垒

这里的壁垒指的是存在于各部门之间的无形墙壁,各个机能部门的代表都会偏重于适合于自己部门的解决方法。消除部门间的壁垒,直接观察事物本身,以客户需求的好产品为共同目标而行事。

② 及时解决

是定期聚集相关资料及相关人员,设置进行及时决断的场所。

③ 信息共享(利用墙壁张贴进度管控节点表)

以周为单位进行进度确认,达到进度信息的共享。每周进行盘点也非常重要,将结果张贴在大房间的墙壁上,实现信息可视化。

④ 良好交流

积极消除妨碍项目推进的交流壁垒。

⑤ 统一方向(聚焦)

即使每天都在交流,但是没有充分理解就很难统一方向。根据情况,主任工程师前往拜见各部门的管理者,向其介绍项目的理念,尽力朝着同一个方向聚焦。如果大家的目标方向一致,即使没有主任工程师的存在也应该在自我管理下实现项目的理念。

如上所述,作为项目核心的产品企划部门,作为性能核心的外观设计、车辆设计、评审部门需通力合作相互提携。开发推进方式上也许没有最佳解决方案,但必须要顺应时代及环境的变化,在实践和失败中找到高效的推进方法。这个意义上来讲,"大房间的思维"肯定是最永恒而普遍的方式。

七、产品和成本的平衡

取得产品和成本的平衡最有效的手段是打造"零起步车辆企划"或"原型车"的手法。这两者都是卡罗拉的 EQ 活动中实施的开发推进的案例。其他也有根据"四元解析"来降低成本的体系,关于四元解析会在设计的部分详述,这里主要介绍与项目直接相关的"零起步车辆企划"和"原型车"。

根据现状设定成本企划目标后,针对现状设定提升产品竞争力预算框架。正如前文所述,成本企划目标是根据企业整体收益目标来设定各个车型的目标。"零起步车辆企划"的预算中,注重产品竞争力的提升、法规对应、利益分配等。在企划初期成本柔性阶段,认知产品竞争力附加预算,是确切达成目标的"可视化"手段。如果为了提升产品的竞争力,可能会取消或进一步降低一部分的成本,重新确认成本价格和销售价格的平衡性(见图 1 - 3)。

"原型车"的打造,首先要制作"全裸车",在此基础上追加的项目对消费者是否有益,需要销售部门和主任工程师协同依据竞争对手的趋向,逐一进行判断和确认。严格审视这些附加项目的必要性,协同调节销售价格,最重要的还需依据未来市场预测进行判断。

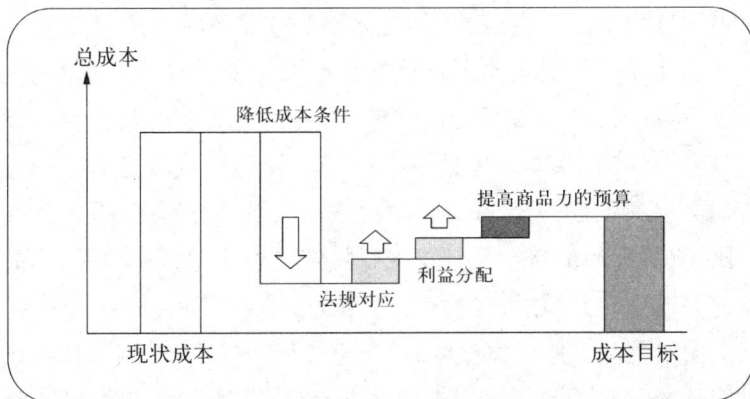

图 1-3　零起步车辆企划

　　为制作这种"全裸规格"的汽车,使用卡罗拉进行了一次试制。使用最低性能、最低规格的配置,计算出制作成本,让原型规格车的成本/配置/性能可视化。以此为基础,探讨增加配置及预算。"原型车"的定义,是指依据法规将必要项目纳入成本,作为需求项目保有两到三个卖点,保留了卡罗拉车型最基本的规格和配置(见图 1-4)。

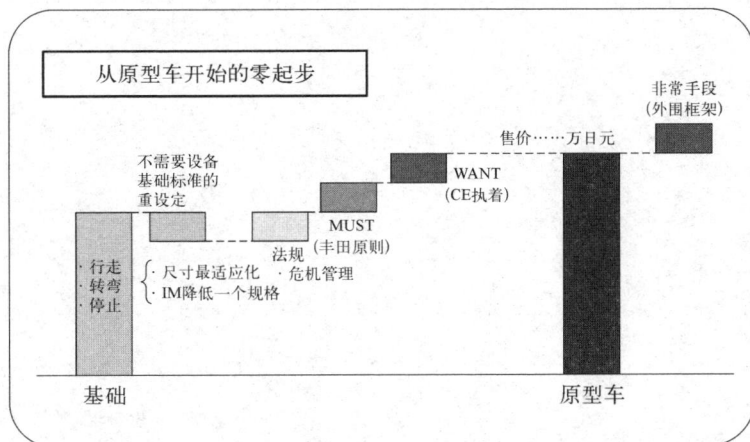

图 1-4　"原型车"的思维方式

采用这种手法审视过的配置,需要实际验证是否符合客户的心声。确认活动是利用实车调查消费者的意见及关注点,并将问题点汇总成清单。通过面对面交流的形式,聆听消费者的意向。卡罗拉这款车型在欧洲、北美和中国都采取了这种问卷调查方式。通过这项活动了解到不同国家和地区的消费者关注点的优先顺序有所不同。比如,欧洲的消费者比较重视驾驶席周边的质量和质感,有时还会通过触摸确认其质感,相反不太会关注后方座位。相反的在中国,大家都比较关注后座的宽敞度、前方座位周边的内饰,因为要考虑载客时驾驶者的面子问题。依据这些调查结果,再一次根据国家地区不同而确定配置与销售价格的最佳平衡。

作为车辆项目部门,目前为止介绍的产品和成本的平衡需要和销售部门进行确认,这一环节非常重要。当然不能忘记需要与各设计部门推进零部件的成本和设计素质的改善,同时协同采购部门改善全球采购方案,通过开展供应商对标活动等推进成本降低。

特别是卡罗拉和奥瑞斯在全球 17 个据点的工厂,推行当地采购当地生产。尤其是卡罗拉系列还推进了地区特有的成本降低活动。

案例1 全球化的卡罗拉

1. 前言

从 1966 年第一代卡罗拉诞生已经过去了半个世纪,顺应各个时代的需求导入新的创意和技术,引领了丰田的历史以及汽车发展史的卡罗拉,2013 年 6 月发售的新版本已经是第十一代了。这期间,卡罗拉已然成长为在全球 154 个国家销售、拥有 16 个生产据点的全球化汽车。

在第十一代卡罗拉开发时,主任工程师安井慎一的理念是"诚恳地倾听当地消费者以及当地生产制造团队的心声",这是回归原点的想法。一直到第九代,卡罗拉原型车的开发都是以日本市场为基础,其他区域都是采取附加技术配置的形式进行的。

从第十代开始,从开发的初期阶段起,研发团队就将目光投向全球进行开发,导入"全球视点"的思维方式。具体做法比如以市场环境最为严峻的欧洲为基准开始开发强劲动力性能,还有在最大消费市场所在地北美,则从企划阶段就考虑客户使用性和确保车内空间等因素。其结果第十代卡罗拉完成了 2008 年的系列车型销售 150 万台以上的目标,再一次回到全球最佳畅销车辆的地位。

另一方面,从一部分客户反馈意见当中看到还有很多地方没有达到心里期待值,加上 2008 年雷曼风暴,销售业绩止步不前。2010 年前后,竞争对手调整全系列车型等原因,导致产品竞争白热化。第十一代卡罗拉的开发,确定倾听全球各区域消费者的心声,以"全球视点""全球规模"的思维方式追求"为了全球人的幸福和福祉的卡罗拉"。

客户调研在欧洲、北美、中国、东欧、中东等区域与实际消费者进行面对面的对话,部分地区还调研了竞争对手的客户,对于现行卡罗拉的不足之处进行彻底的分析。与此同时,在各地区开展与竞争对手车辆的试驾比较,依据当地道路环境条件研究最佳的动力性能。并且使用外观设计模型车和试制车进行的产品性能评价,以当地客户的视角进行了商品力的确认。

在欧洲,研发团队针对掀背车的客户进行了各种调研,结果显示,客户对汽车的期待是"年轻的心"(Young at Heart),也就是说期待汽车能让自己变得更年轻。为此,首先从设计上要能感受到"年轻的心",其次需要充满期待感。消费者需要在操纵汽车的行驶过程中感受到轻松驾驶,不但要有急加速的能力,也要有轻松润滑的转向能力,从而得到驾驶的快感。

在北美地区,除简便操作的转向盘、环顾视角的开阔性、舒适的驾驶座椅等方面外,人们还追求驾乘的快感。从竞争对手车的用户反馈来看,外形及内饰的质感等也成为当初没有选择卡罗拉的原因,如此看来,设计的重要性不言而喻。北美市场竞争十分激烈,称之为卡罗拉在战国时期的主战场也不为过,在这个市场上,要创造出有魅力的商品,仅仅追平和竞争对手之间的差距是不够的,必须要有超越对手的气概,这种意识被根植于整个开发团队中。

从中国市场来看,比起整体设计,更希望外形上看起来"大气",后排的空间也希望能更宽敞,总而言之,就是要看起来更大,要是后排更宽敞、乘坐感更好的话,就会让人更有"面子"。

俄罗斯则有非常多的消费者心里想的是"总有一天要买卡罗拉",这缘于上一代卡罗拉传承下来的良好印象,即使在冬季严寒的环境里,由于汽车质量上乘,不容易发生故障。另外调查结果也显示,外观的高级感和价格实惠这两项并存的重要性。

在中东和近东地区,卡罗拉品牌的认知度非常好,但如果仅仅满足于此就很有可能被竞争对手超越,竞争也非常激烈,这里的用户们也表示,虽然现今的设计已很好,但还是缺少刺激性和先进感。

当地的事业部门则提出,从第十代开始,卡罗拉虽然已经转变为以当地为主进行开发,但设计图纸基本还是以日本为主体,因此从全球化的眼光来看,包括其他车型在内,并没有实现零部件的共通化。因此,第十一代卡罗拉从开发和制造的观点出发,也需要再次挑战"真正的全球化"。不拘泥于日本独有的设计图纸,在地区(欧洲、北美、中国、东盟)柔性推进零部件共通化。这也是第十代未能达成的"全球视点"这一新切入口的活动。

另外,掀背车与乘用车的座椅系统、转向系统、前车门开闭等全部包含在内进行零部件共通化的推进,同时针对客户期待值较高的外观设计部分,则实施地区差别化。这样一来,各地域就能追求最符合客户心声的有魅力的设计了。第十一代卡罗拉的开发,协同2013年开始的TNGA战略,领先推进了智慧共通化和差异化。

总结起来,第十代卡罗拉是非常好的车型,但缺乏兴奋激动点,特别是缺少吸引目光的动感设计。驾驶方面,在一般道路上缺少加速和灵活转向操作的快感,在这些方面上,需要努力超越竞争对手。以此为前提,主任工程师想到的是首先要追求"兴奋而刺激的快感"。

因此全球化的卡罗拉整体的创意词确定为"超越客户的期望"(exceed customer expectation),在开发上彻底追求以下三点:

- 全力超越的先进设计(充满活力和超前思维)
- 全力超越的运动性能(敏捷/油耗)
- 全力超越的VFM(value for money)(性价比)

所谓"全力超越"是指"明显超过期待值"的意思,这是理所当然要做的事情,针对提出的这一创意构想,满足各地区消费者的需求、各生产据点的条件、海外事业部门的收益(成本的管控)、卡罗拉的历史、新旧两个车底盘等一些条件的制约,提出了很多反对意见。但是主任工程师逐一解决这些制约,率先垂范,认为自己应该首当其冲去"飞跃"推进开发。其结果是,凝结了共同目标的团队,跨越部门间的阻碍,齐心协力努力去解决问题。

另外,在传承至今的卡罗拉的传统上回顾卡罗拉的使命,定义卡罗拉为"保持世界最畅销车的纪录",并设定了为此进行活动的五大支柱:

- 保持时代变化的应变力,创造新价值
- 满足多地区消费者的需求
- 优先考虑安心、实用、操作便利
- 保持绝对的超值价格
- 高质量

为创造满足消费者需求的卡罗拉,以上述支柱为核心,一如既往地提高"安心、实用、环境、信赖、安全性"的基本性能,以及影响五感的"感性质量""优良质量"。另外为了能让各个不同地区的工厂提供相同质量的产品,将"最小限度控制工厂间质量差异活动"与竞争对手车辆展开对标活动。对于质量差异控制重点明确列出清单,这些也都是第十一代卡罗拉"全球视点"的新方式之一。

这样的活动对第十代也造成了的影响,北美'12MY 卡罗拉获得 IQS(Initial Quality Study:面向汽车行业进行调查的咨询公司 JD POWER 进行的质量调查)排行榜乘用车冠军。当年的丰田品牌车中只有卡罗拉获得了这个榜单上的轿车冠军,这也成为这一型号项目末期的一项壮举。

严峻的时代下,提高商品力,并且追求性价比,要使得这些条件能够成立就需要各种各样的挑战。它的原动力来自"对汽车的热情",以及团队成员的"率先垂范"。支撑这些的无外乎是消费者最后的满足。以此为原点,卡罗拉的基因又会得到持续的进化。安井确信第十一代卡罗拉也一定是一台"值得骄傲去驾乘的好车"

2. 第十一代+α

"80分主义+α"是卡罗拉的传统,第十一代卡罗拉有以下两项+α:

- 令人兴奋和激动的先进动感设计
- 令人兴奋和激动的先进动力性能(行驶敏捷度和油耗)

也就是说以"动感"和"超前"为关键词,将"轻便"和"卓越性"这两个设计要素合成一体。车辆骨骼的整体配置和车门等实现通用化,而包含"轻便""卓越性"等消费者期待新需求的设计方面,从车灯、保险杠、发动机罩、挡泥板等都实现了新的突破。

动力性能方面,客户追求的是平时在一般道路上的加速感以及敏捷度,特别是在敏捷度方面,通过提升悬架装置以及转向系统的性能,在全球实现了这一性能。另外,针对油耗问题,CVT(Continuously Variable Transmission:无级变速器)采用地区的扩大,减少空气阻力,在各地区都实现了高水准的降低油耗的性能。

3. 销售特点

销售关键点集中为以下6个方面:

① 外观变化的先进设计和整体配置

这是开发团队从企划开始阶段就感到必须要超越的一点,要让人们觉得"这才是卡罗拉"。为达到这种程度而倾全力创造新卡罗拉的价值,最终因为设计进行了质的改变,所以整体配置也焕然一新。这样的外观设计改变和车内空间释放两项并存也是一个重要挑战,因此轴距加长了 100 mm，这 100 mm 被平衡分配到外形设计和车内空间上。由于轴距加长，使得轮胎配置优于以前的车型，实现了四角配置，增加了设计的活力感和帅气元素，同时提高了后排座位的级别。

轴距加长这一决断是在商品企划会议上下的定论，当时正处于雷曼风暴后的萧条时期，公司内部大方针是尽量控制投资，因此有很多人提出"真的有必要为了加长轴距向全球 16 个生产据点进行投资吗"，为了说服这些提出意见的人，开发团队再次奔向世界各地确认消费者的意见，再次自我评估其必要性。最终这个提案得到了认同，这要归功于开发团队这份坚持制造优良汽车的热情感动了相关决策人，同时也是公司一贯考虑如何为消费者提供最佳方案而进行判断和执行的结果。

另外希望发动机盖尽量设计得更低一些的意见也引起了注意。消费者反馈厚重的发动机盖感受不到"年轻的心（Young at Heart）"，针对这个意见设计做出了改变。但实际上，是在保护行人安全性能、安全与外观好看这一相反要点的平衡上做了调整。为此相对于检测，更加优先了设计需求，这也是影响检测部门的一些制约条件，由此实验部门重新详细地解析一条条限制规定，促使问题得到解决。在维持了优秀设计提案的同时也在确保行人保护性能方面获得了成功。还有一些关于发动机盖的其他意见，指出损坏了现在车型原有的设计会影响低速撞击时的缓冲性能，最后经过外观、设计共同会议研讨，解决了提出的意见。

面向北美的运动款设计，为了突出先进感，大灯尽可能地进行后置设计，以往的技术未能实现这一设计，采用 LED 大灯在北美运动款上打开了局面。当时有些董事担心因成本增加导致预算恶化而提出反对意见，但是最终这一魅力设计得以实现，解决了董事们的心头大患。而且 LED 技术以往只用于雷克萨斯的车型上，成本很高，随着导入到卡罗拉这一举动，用量增加使得 LED 大灯成为量产的通用部件，同时导入新技术大大降低了成本。

东欧、亚洲、中国地区的超前设计，作为量贩型号初次挑战尝试了横向型发动机盖的设计。当初对于是否真的在全球 16 个基地都采取这种设计，生产部门都有一些不安，因为担心能否保证全球质量均一性。但是后来将纵向和横向两种设计都制作了样品车型，生产制造部门的成员也参与评判，最后达成共识认为横向型设计更具有优越性。这个设计挑战，是在取得生产部门的认同基础上得以推进的。

与设计相关还有另一大壮举则是在车门的腰线位置安装把手。起初使用通用的外把手安装，感到匹配度较差，在设计审查时也被提出来了。有的董事说"如果想追求更好的外观造型，是否需要主任工程师判断一下重新开发一个更加帅气的门把手呢"，以此为契机开始开发安装在车门腰线位置的门把手。如果要从零部件的构造开始全部重新设计将会赶不上开发进度，因此需要追求通用性。可是一旦涉及不通用又触犯了很多制约规定，因此在讨论之初设计部门就答复说"在车门腰线上安装外把手是不可行的"，那之后车型设计与构造设计的成员们开始了以毫米为单位的攻防战，最终完成的模型车在设计审查时被指出严格的问题并被否定。最后，在设计的样板车前，在形体设计部长、结构设计部长、工艺部长面前，经过毫米攻防战最终确定了把手安装位置。这个过程中，把手的形状也稍有缩小，包括安装的平面形状也做了调整。

关于形体设计，为了跨越这个不可触碰的圣域，跨部门间针对课题展开了激烈的讨论。主任工程师自身的"率先垂范"带头解决问题是制造理想的汽车的关键。现在设计的背后，潜藏着这种苦心的调节过程。

关于车内的布局，着重于臀部乘坐的位置。为了提高前排座位轻便的驾驶舒适性,将转向轴的角度由原来的 24 度放平到 22 度,同时将车底板到臀部的高度设定为 280 mm,还把上下调整幅度从 ±25 mm 扩大到±30 mm,以适应各种体型的驾驶者,为了达到驾驶者的轻松驾驶风格,对臀部位置进行了反复摸索。

另外,前后排的臀部位置都设定在稍微靠向内侧、靠近中央线的地方,这样形成了车门的凹凸面,为张弛有度的车辆外观做了贡献。言及后排的空间,将前后间距从 888 mm 扩宽到 959 mm(以 AT 车为例),增加了大约 70 mm 的空间,前排的座椅也采用薄型材料设计,进一步确保后排空间的宽敞。这对于注重面子的中国消费者来讲是很好的宣传卖点之一。

② 竞争之首的油耗

关于油耗方面,以北美、欧洲、中国市场为主导,性能提升成为主流。在北美地区,竞争对手在 2010 年下半年切换了全系列车型,高速公路油耗达到了 40 mpg 以上,这让下一代卡罗拉陷入了危机状态。在欧洲则必须要达到各国制定的优惠政策的 CO_2 排放水平,中国也要求对应第三阶段标准(2011 年开始中国政府实施的新燃油消耗政策,其中提出要比前一阶段标准的燃油限值再降 20%)提升油耗性能。

针对这些问题具体的对策是,提升车底盘和外观形体的 CD(Constant Drag:空气阻力系数)值,降低轮胎 RRC(Rolling Resistance Coefficient)接地摩擦系数,驱动系则将旧 4AT 变更为新的 CVT 驱动,开发更高效更省油的 CVT,在手动换挡车设定最佳齿轮比。针对发动机,以降低摩擦为目标,哪怕是只有很小的一部分,也采取多种手段提升燃油性能。另外,沿用上一代卡罗拉全车采用 EPS(Electric Power Steering 电动转向辅助),在北美地区使用 LED 大灯也使实际的油耗性得到了改善。

针对巴西市场上使用混合燃料的混燃料车(FFV:Flexible-Fuel

Vehicle），则将现行型号的发动机室里安装的副油箱拆除，着手开发无副油箱的 FFV。

在泰国和委内瑞拉市场，丰田挑战开发的天然气汽车（CNG：natural gas car）实现了高质量低价格供货。

③ 彻底追求人性化

在 2008 年开始探讨卡罗拉新车型的同时，开展了一项被称作创新活力的驾驶操作/易操作/HMI 提升的活动，从企划初级阶段起对播放器的配置、小物件摆放空间、时钟的位置、门把手的位置等进行讨论。虽然主任工程师比较推荐竖型的门把手式样，但是把手并不能只考虑开闭的便利性，还需要考虑在行驶过程中能否做到给握住把手的人安心感，这是最终判断的关键（欧洲车也许是同样缘由，采用竖型把手的相对多一些）。

仪表的 TFT（Thin Film Transistor：薄膜晶体）显示器，也寻找了适应于这一代卡罗拉的材料，仪表零部件也按照 TNGA 的一部分去思考，在欧洲和北美地区追求车辆底盘通用化，增加产量以降低成本。

臀部的高度和座椅的位置、转向角度等都精准地与竞争对手车辆进行了比较讨论，找寻能达成期待感和兴奋感的最佳位置，具体做法则采用内饰实体模型进行测试，不仅用日本人，也要用欧美人的眼光进行判断。

④ 内饰商品力的提升

在内饰方面，客户关注哪一点来判断是否是一辆好车，在欧洲、北美和中国市场采用访谈形式使用确认清单，并和实际竞争车辆进行了比较。

不同地区的客户关注的重点出现了比较大的差异，欧洲人很重视前排座位周围的质感和质量，有时候触摸这些部分来判断好坏，相对而言对于后排则没有那么高的要求。

北美地区也和欧洲同样，用户对前排非常重视，尤其是驾驶座，非常在意乘坐的舒适感。中国用户比起注重前排周围的质量而言,更加关注周围的装饰,同时对于后排的重视程度比较高,前文已经提过。东欧国家(俄罗斯)则因冬天较长,融雪导致车外表特别容易脏,因此希望行李箱把手加装在内侧。这可能就是因地区不同出现不同需求的极端例子。

在东盟地区,以顾客视点为中心开展的提高内饰商品力活动中,追加了中央控制台的灯饰和后排座椅可调节功能以及读书灯等内饰。这是因为印度用户也非常重视后排乘坐感,将卡罗拉当成配备专属司机的高档车来使用,为了应对这样的需求而进行了加装。

通过这样的方式,各地区分别探讨了提升内饰质感的方案。到目前为止,竞争对手的车辆内饰商品竞争力在大幅提升,因此各地区为了提升商品竞争力加装了相应的内饰。

⑤ 彻底追求 VFM

客户付钱,从而得到高价值的服务,这一过程通常用 VFM (value for money)来表示,为了追求 VFM,在企划之初,首先要进行的就是制作"全裸汽车",在"全裸"的基础上,追加客户真正需要的内容。比起客户期待值低的地方,不如把成本投入到客户期待值更高的项目上,提高商品力,超越客户的期待。在确认期待值时还是要参考倾听客户直接反馈的心声,这样制定出来的规格才能迎合客户,同时还能实现有竞争力的价格。

设计测试和 CV 车做成后,也要进行商品性评估,以客户的眼光确认商品力以及 VFM(性价比)的充分性。比如在有些地区,由于汇率变动超过预想而导致成本受到巨大冲击时,就需要直至量产前都要确认竞争车辆,调整最终的规格以及 VFM(性价比)。

⑥ 适合各地区的静态/动态性能

在当地公路与竞争车辆进行驾乘比较,不断寻找卡罗拉的不足,为了超越竞争对手的车辆,寻找自身不足,进行提升。这在北美、欧洲、东欧、中国、韩国、南非、南美等都开展了同样的活动。

其结果在北美地区增强了后轮的张弛感以及提升了转向系统能力，欧洲地区则提升了道路行驶时的加速感和 NVH（Noise，Vibration，Harshness，即噪声、震动、粗糙度），中国加强了初期刹车的触感，南美则确保了在高速公路直行的稳定性。集中资源保障了各地区的推进。

总括起来各地区消费者期望的操作稳定性和转向触感方面都有显著的提升，另一方面在一些特定地区，特别是北美和欧洲，在 NVH 性能方面有了很大的提高。虽然根据地区不同客户的期待值也不同，但竞争对手也不断地提高整体的质量，因此针对北美和欧洲市场，更着重于上述项目的提升。

另外，第十一代卡罗拉对于顶级的安全性能也研究到了极致，各地的安全法规和客户期待值逐年高涨，北美 NCAP（New Car Assessment Programme，新车评估项目）、欧洲 NCAP、中国 NCAP，再加上澳洲 NCAP 和南美洲 NCAP，是从企划之初就设定的对应目标。近来东盟 NCAP 也成为话题，这也是必须对应的。简言之，全球消费者在安全相关上的期待正不断提高。

4. 结束语

主任工程师安井表示，以"回归原点"为口号，丰田公司真挚倾听消费者的心声开发了卡罗拉这款车，是"为了地球人的幸福和福利"而诞生的。

沿袭了近 50 年的传统，引领时代的创意和技术，DNA 中铭刻着创造全球最佳销售车辆的使命，如今传承到新的时代。安井确信第十一代卡罗拉向全世界的消费者展现着它的魅力，卡罗拉一定能蝉联全球畅销车辆的冠军。为了全球消费者的"感谢"和"笑容"，卡罗拉 DNA 将继续不断地进化下去。

专栏 1　主任工程师和产品企划的基本理念与实践

1.　前言

笔者 1988 年进入丰田汽车公司,从 1995 年开始担任与产品企划相关的工作。当时笔者所在的第二企划部,主要针对丰田小型车的代表车型小福星(Starlet)、雄鹰(Tercel)、新型威姿(Vitz)、威乐(日、欧版的 Platz)、Funcargo(无中文对应车名)进行重新企划,笔者负责初期威姿(Vitz)系列调整探讨的创意企划业务。笔者带着Funcargo 的详细企划于 1997 年调到产品企划部,之后参与了第一代bB(丰田在丰田雅力士的基础上开发的车型,采用 NBC 平台,以较方形的车身设计)、bB open deck(开敞的载货甲板)、Ist(丰田推出的以威姿为基础,结合大直径的轮胎和 SUV 的 5 舱门的紧凑型车)、Probox(丰田推出的注重经济性的紧凑型车)的企划,2002 年调入产品企划部的卡罗拉团队。在担任第十代卡罗拉的创意企划师开展企划开发工作后,2006 年开始担任北美和东盟地区的卡罗拉主任工程师,2008 年再次担任第十一代卡罗拉创意企划师,现在则担任第十一代全球卡罗拉、国内卡罗拉、奥利斯(Auris 美版卡罗拉 IM)、塞恩(Scion)tc 的主任工程师。

2.　Funcargo、bB、Ist 的企划

首先来谈一谈 Funcargo 的企划,当时想作为 Vitz 系列车型开发一款年轻人能接受的汽车,还去了年轻人经常光顾的露营地、滑雪场等进行实地调查。当时(现在也如此)1Box 是露营场地流行的主流车型,其中也有会开着轿车和小型车去的,于是考虑如果生产威姿级别的 2BOX 的话应该会很有人气。因此企划案中,尽量将车底板降低,下功夫扩充车内空间。另外提出汽车不仅仅作为移动工具,停车

之后可在车内尽享娱乐空间的创意,关键词是"梦游空间"。汽车不光作为露营道具的搬运工具,在露营场地接上外部电源之后还能在车内尽情娱乐,根据这样的思维假定车内携带用品数量为基础,设定了开发的创意。

另外经常看到很多年轻人在便利店外面的停车场上席地而坐吃着点心的场景,因此设计后排座位可收入到车底部,这样就能直接坐在汽车上开心娱乐了。在车内空间利用方面考虑了很多种方法,甚至还做了一个"使用方法提案的目录"。听说我们企划案后,广告代理公司的员工利用当时已经开始普及的移动电话取名为"移动空间Funcargo"。记得当时还有个快嘴发音的电视广告。

如果说 Funcargo 有着明亮白昼之感,那给人以夜晚感觉的就是bB 了,bB 是典型的先有形体设计,以此为基础开始企划的案例。当时有消息称很多年轻人会改造汽车音响,装载大音量喇叭,夜里聚集在横滨的大黑码头娱乐。做开发的时候还专门去了大黑码头进行调研。在 bB 开发过程中作为新挑战有两个趣事。其一发生在给公司内部领导做展示的时候。一般向社长做企划说明汇报是要西装革履,很严肃的。但是 bB 的发表会上,设计师们穿夏威夷衫登场了,最终领导们表示"这不是一款我们能够对其设计评头论足的车",这样的评价令人印象深刻。另一个是汽车实际销售时针对各大销售商的新车型发表会,当时设定在晚上 7 点召开,会场内播放着最新潮的音乐,用玻璃彩光球做了会场布置,宛如夜总会一般迎接客户。我参加了冈山的销售商发表会,很多年轻人在晚上 7 点以后都陆续过来参加。如今的年轻人有远离汽车的趋势,很难想象当时热闹的场景。

Ist 的关键词是 AMW(Active Mini Wagon,灵活的小型车),企划初期阶段由当时商品企划部门的女性团队担当,之后承接一直做到了产品成形阶段。抓住女性心理特征,和公司的女职员们进行了充分的讨论。当时 Vitz 在市场中的认知度很高,没有一款合适代替的汽车。于是着手开发一款比 Vitz 更加具有奢华感的汽车,于是 Ist 问世了。目标是融合 SUV（Sport Utility Vehicle,是指运动型多用途车）、面包车和两厢车的特点,轮胎的尺寸也比当时的两厢车稍有加大。

从高级感的角度出发还和 Celsior(雷克萨斯的第四代)进行了比较,追求和当时 Celsior 同样的关门音（这里花了很多工夫）,和 Celsior 撞击后的安心安全感（进行了当时第一次的车对车撞击测试）,和 Celsior 采取同样的侧面转向灯等,针对细节部分进行了深入研究。另外为了抓住女性心理特征,在企划中也加入了很多感性成分,还记得在公司内部领导层发表会的时候,为了创造氛围,在内饰样品上喷了很多香水。

还有一点,为了开发顺应市场潮流的汽车,开发周期也得到了大幅度缩减,打破了开发周期最短的纪录。正因为及时将新车推向市场,Ist 在销售初期,月订单超过 4 万台,创造了当时的销售纪录。

3. 卡罗拉的企划

2002 年,我被任命为第十代卡罗拉的创意总监,接到任命通知时有如晴天霹雳。我一直承担着面向年轻消费者推动各种各样企划的任务,我想为何命令我企划老人们开的汽车呢。但是真正接触到实际工作之后,我马上意识到事实并非如此。发现自身完全不懂得卡罗拉这款车,所以我首先进行了海外卡罗拉的市场调查,根据地区的不同,卡罗拉的使用者也千差万别,有年轻人在开,也有人当作高档车在开。调查过程中,我渐渐地对卡罗拉的难点、趣味点产生了极大的兴趣,成了它的俘虏。

在这之前我接触的 Funcargo、bB、Ist 都是没有历史而全新的型号,可以自由地任意挑战很多新东西。但卡罗拉是有着十代历史的汽车,必须在熟知历代卡罗拉的传统、特征以及使命的基础上进行企划。虽说没有像 Funcargo、bB、Ist 那样惊俗的插曲,但我去了一般人很难轻松去的地方,去了世界上很多地方进行市场调查,倾听当地消费者的心声。2013 年卡罗拉在全球 16 个据点设有制造工厂,在全球 154 个国家进行销售。一直保持单型号车辆全球销售冠军的成绩,我也是在第一代主任工程师长谷川龙雄先生传承下来的"为了地球人的幸福和福利的卡罗拉"的宣言之下指挥着开发的推进。我们必须为引领时代的创意和技术,制造全球最畅销的汽车是我们的使命,并将其传承到新的时代。第十一代卡罗拉也继续向全世界的消费者展现其魅力,坚信卡罗拉一定能蝉联全球畅销车辆的冠军。

4. 企划的基本

企划的基本应是"基于同消费者进行对话的开发"。前文所介绍的 Funcargo、bB、Ist 以及卡罗拉等,无一例外都是在对消费者实际调研的基础上推进企划的过程。仔细分析消化消费者的不满以及改善提案,结合自身保有技术不断创新并进行提案。

另一个重要的是"硬件和软件的融合",所谓"硬件",笔者认为应该是"汽车本体",而软件,用 Funcargo 举例的话,就是指在停止的汽车中尽情娱乐的"汽车的妙用、你创意的妙用"。每项新的使用方法的提案都具有创新意义,有时这种创新会影响一个时代的流行元素以及地域文化。Funcargo、bB、Ist 也是同样,在掌握了日本年轻群体的流行和文化动态的基础上,与客户共同带来创新。

但是,并不是倾听客户的建议就能马上有新的创意出现,客户传递给我们的只是对现状的不满和改善点而已,同时也要注意,不能过度迎合客户的所有期待。那些不考虑重量和成本的建议,直接威胁到汽车商品成立的可行性。开发团队对于客户需求的解析、融合企划部门的新技术、激发新的创新提案具有决定性的作用。仅仅利用现有技术无法拿出好的创新方案,我们需要将保有的新技术与市场的需求相结合，更重要的是要协同消费者，才能有更好的创意。新的创新方案不管怎样必须持有与市场相结合的姿态。

为了激发创新，笔者经常实施头脑风暴的实践，与带有问题意识的许多人一起尽情狂聊。创新有时是一种类似于排列组合的东西，从交流中能够意识到那种排列组合的存在。我认为这就是"点与点连接与碰撞，再与事物结合起来，这样新创就随之而来了"。

5. 主任工程师的职责

至此介绍了很多企划理念事情，最后想写下真实的商务现场的介绍。就像前文所描述的一样，原始的创意以历经多个阶段提出的车辆企划为基础，向社长和经营高层进行提案汇报，获得认同后就进入项目的实施阶段，用文字描述出来貌似是一个特别单纯且简单的过程，但实际并非如此。

对于新的企划案，一定会出现反对意见。这从历史性的原因和体系的屏障所衍生的"诸多情况"来讲，也是必然会发生的事情。向立场完全不同的反对者们说明车辆创意的重要性，说服他们需要付出极大的体力和精力。笔者自己也亲身经历过因为无法说服反对者导致企划破产的事例。任何人都会提出建议，而要负责将建议付诸实施并形成产品，是非常困难的。企业经营过程中，这些建议最终需要与商务链接，这才是最关键的。

这种说服的工作虽然要花很多精力，如果得到所有关联人员的认同，大家目标一致共同为项目达成而努力，这也是企划的妙趣所在。考虑主任工程师这个职位诞生的背景，被赋予巨大责任与权限时，应该去理解主任工程师需要做部门沟通，解决部门间的壁垒从而达到公司内部齐心协力的结果。这对于主任工程师来讲是非常重要的职责。

企业的开发人员，因为无法说服董事导致新商品不能问世，结果被其他公司超越,像这样的事例不管在哪个行业都有。出现这种情况,并非"因为有反对的人的存在,所以无法创造新产品",而从"因为没有说服反对意见的热情,没有彻底实施,所以无法实现"的角度考虑问题的话,一定能打开新的局面。新的想法(产品)比比皆是,但在企业里,将灵魂融入新的产品推向市场才具有意义。坚持到最后,这才是产品企划的乐趣所在。没有实现产品化就会失去斗志,因此重要在于要具备勇往直前、不屈不挠的精神。笔者以前接受公司外部培训时听过讲师关于新商品企划的描述的一句话——"一名领导三名帮手,领导要起到指导和协助除去杂草的作用",对于这句话至今印象很深,这个"领导者"正是用不屈不挠的精神带领整个企划推进的主任工程师。

主任工程师对各部门的工作人员没有人事权,换言之他们只有"说服力"这一个武器。带着"热情"和"信念"去制造消费者喜爱的汽车,最终寻找对于用户而言的最佳方案,针对需要跨越部门壁垒的课题,说服各部门负责人,真诚应对,做出决策,这就是主任工程师的职责。

笔者的内心深处经常想的一句话就是"回归原点,原点即客户,为消费者寻找最佳方案,带着信念去执行",虽然有时也需要妥协,但不能让步的原则部分必须秉承信念去贯彻。在说服公司内部的反对意见时,一定要以消费者实况调查为基础,说明对消费者而言最佳方案,和大家共同思考共同解决问题。前文提到的"与消费者对话型开发"这时也能起到作用,消费者的心声是最有效的说服材料。

制约无处不在,并不是说因为制约而无法制造好的产品,而应当超越制约,以制造更加优秀的汽车为目标,这需要满怀"热情"和"信念"的强有力的领导能力。"造出更好的汽车"这是笔者的永恒信念。

6. 给年轻技术人员的寄语

近年来的市场环境急剧变化,我们不能放过消费者的所有需求以及竞争对手的动向。虽说如此,但开发是需要一定的周期,因此这种状态下开发的顺利推进关键在于建立良好的交流团队,突破体系壁垒,亲临现场、当机立断的做事态度。不要拘泥于以往的开发推进方式,根据情况采取"柔性对应"的方式。

希望大家能站在不同的立场率先垂范,接受各种挑战,不惧前无来者,果敢地挑战,创造新的历史。但要牢记,在挑战和决断之前务必要站在消费者的角度去思维"消费者的真正需求是什么"。

最后,笔者以介绍自身处理问题的方式来结束此文,"危机时刻,抓住机遇,改变思维,接受挑战",坚持正能量的思维方式就是解决问题的秘诀吧,笔者将此取名为 4C 精神,即[Crisis(危机)、Chance(机会)、Change(改变)、Challenge(挑战)]。

阅读 1-1　**成本企划的文化特性**

1. 基于实践的研究方法

为了记述企业活动及会计实践的"双向性"历史(连续性和非连续性),会计不仅仅是围绕经济活动事实而进行的记录、报告等中立性的手段,而要把会计理解为今天我们生活的世界和社会现实的类型、企业和个人多项选择的方法、活动多样性和过程管理体系化的方法,以及对管理他人和自身的方法等,将之理解为产生影响的一系列实践。

也就是说,与其单纯追求实践而去表述,不如说更应该去追求实践成立的条件,同时明确构成实践的各项条件,探明条件和实践的关联性,在选择实践不同的思维方法的同时,去探索更好的实践的真正所在。

为了阐述这样的实践,我们需要从社会史和文化史等各种研究方法中获取更多的知识,文化创造了个人和集体并享受其存在,在尊重创造方法、文化财产以及享受成果这三者之间相互关系的同时要追溯文化的发展,这是因为我们不能脱离诞生这种文化的社会本来面目来进行论证。在这里创造主体和享受主体之间的交流是关键点。

在这里,会计应该被理解为实践制度化的构造物,不是反映经济现实的镜子(手法),而是构筑现实的技术。依据对各自掌握的知识、环境的认知,以及社会上理所当然的习惯的理解,成本被看作是"社会性构成",其构成依存于状况的变化。

进一步讲,置身于战略化和组织化的行为者们通过"实践"分析,聚焦于战略与管理的构成方式以及再构成的过程,不仅着眼于以往研究中的行为主体的行为,还包括事物的结果行为(职责),都以相互作用的文脉加以理解,说明其中的必要性。也就是说,比起以往的行为更加关注构造的分析,计算构造和系统设计方法对行为者的实践产生何种动态影响成为课题。

作为与研究方法的种类相连接的代表性的方法论,有行动者网络(ANT)理论、新制度化理论,以及状况论方法、卡内基学派等。例如,基于 ANT 的研究目的是,将主要的事实构成扩散并定性的过程,以人类(行为者)及其网络为焦点,进行分解。

至此,将重点放在理论和实践的对立构造上,把握管理会计作为信息系统等名词性的存在"事物"(thing),深入实践本身,掌握实践的动词性"动作"(action)或者说"行为"的构成。战略亦是如此,不仅作为组织所具有的名词性的存在"事物",而战略是通过组织实践而形成的观点而言,战略和管理会计的关联性应在动态形式中认定其"动词性存在"。

2. 日本经营系统的源流:4 个特征和原型(archetype)

日本在明治维新以后,与欧美体系有两次显著的"接点"。第一次是明治维新时期,主要从英国、德国、法国等欧洲国家传播过来。第二次是战后占领期从美国传播过来。在这里使用的是"接点"这个词,注意不适用"导入"或"移植"等词句。也就是说,应着重于导入方的主体性和积极性的"容纳"特性,日本经营体系的独立性表现也由此而来。

日本经营体系的形成不同于美国管理体系。它的特征是,并非局限于生产现场,而是追溯到设计和开发阶段进行源流管理,为支撑这些需要构建跨越部门的公司体制,将可行性计划和实施进行再统合。

就像上述提到的,为了考察日本管理会计特征,不仅需要计算系统,还需要分析包含责任、权限关系等组织形态的管理系统,甚至需要分析存在于两者组织底部的社会系统。关于管理会计和组织的关联性,有必要进一步探讨美国的职业经理人制度。

职业经理人制度是在战前引入到日本的,日本企业实际导入的契机是1951年在产业合理化审议会上发表了"关于企业内部统制"的公文。NEC作为与西部电气公司的合资公司,成立初期按照美国的职业经理人制度设立了会计这一职务。日本企业首先实施事业部制的松下电器集团,也把管理员工看作是担当公司经营管理,被认为相当于是社长直接管辖员工,安置于各事业部的管理之外的"会计社员制度"实施延续至近期。

另一方面,日本企业中的会计(经理)职能是以调整职能为中心,但实际上将计划职能和统制职能委任给事业部、工厂、制造子公司,要关注其自律性管理。之前提到的NEC,在60年代中期开始把量产逐渐分散到各地的生产子公司,与此同时,以生产效率为中心的成本管理活动也从经理部门逐次下放,委托各事业部门成为自主性活动。这点与美国企业职业经理人管理制度下的执行方式具有本质区别。也就是说,这些部门(职业经理人)并非像美国企业一样拥有巨大的权力,他并不需要独自去做以预算或方针为中心的盈利计划及成本管理目标的目标设定,只需要依照自下而上的提案制度,针对部门提出的提案来决定预算,这种执行现状被称为日本式修改方式。针对"提案制度的基础",探讨日本经营系统的社会关系所造成的结果,会计部门的各项职能下放到各组织,会计的职能逐渐被掩盖。下面探讨一下日本经营体系的四个特征。

(1)"日本方式"职能管理和方针管理:重复强化关联性

战后,全面质量管理(total quality control,TQC)是美国的质量管理学者费根鲍姆(A. V. Feigenbaum)总结出来的。也可以说,是把统计学方法作为根基,把休哈特的质量管理流程进行组合,建立了专业的质量管理。

对此,在日本借助戴明和朱兰等美国质量管理专家和日本的大学研究者的力量,以日本科学技术者联盟(日科技联)和日本规格协会等机构的专家为中心,展开了全员参加型的全企质量管理(company-wide quality control,CWQC)。

这其中关键在于分部门、分职能的"职能分别管理"。这里要留意的是,职能的含义并不是欧美派所说的以部门为前提的功能,而是指质量、成本、信誉、交货期和海外等把控与经营相关的关键因素。

这里说的"日本方式"跨职能管理(cross-functional management)是指质量职能、成本职能、海外职能等作为企业经营重要的职能因素,通过组织间的横向调整进行管理推动,即组织的横向管理(横向型管理)。从历史上讲它是在日本综合质量管理方式(TQC)的导入过程中形成的,相对于欧美部门的责任权限体制"职能分别管理"(functional management)有所区别。

也就是说,各组织的职务重叠与日本质量管理方式强调跨部门之间活动的特征,两者之间密切相关。这里工作与员工之间是种松弛的状态,因此要把工作本身进行重叠,将其委任与全员,提高全员的责任感。职能分别管理是20世纪60年代初期,综合质量管理(TQC)开始推广时导入的概念。当时,制造部和营销部等组织的纵向关系紧密,横向之间由于部门间排他性造成的壁垒导致意见交流比较困难。由于纵向组织解决不了与横向组织的关系对应问题,因此设立了质量保证、成本管理等职能委员会和会议体,游说各个部门追求职能部门的管理和改善活动,我们称之为职能分别管理。

对此,方针管理则是基于企业经营方针,设定中长期经营计划和短期经营计划方针,为了能有效地达成目标,需要在企业全员共同参与之下展开活动。这是一种纵向管理结构,顶层经营改善目标与工厂改善推进步骤等,管理要与各级别的目标相结合,这与欧美的战略管理是有区别的。

纵向、横向的关联性和高度化使得日本职能分别管理的方式对于权限与责任明确化存在着巨大的问题,虽然对于全员参与的工作作用明显,但是也潜藏着脱离现场主观判断的危险性。

（2）现场主义:亲自到现场去观察

现场主义是指亲自到问题发生的现场去体验,这样才能开始明确具体的问题点的思维方式,这是日本企业的生产和销售现场普遍采用的方式。特别是在工厂的管理中,现场主义是为了避免脱离现场感受的主观意识和经营方法的重要手段。

这与在职培训(on the job training,OJT)为中心的企业教育的普及化相符合。前面说的全面质量管理和准时化(just in time,JIT)等日本生产体系的诞生,也都归结于现场主义的推动。

现场主义是重视以物量尺度为中心的原单位管理,也应用于货币单位管理的成本计算排除理论当中。也就是说,为了避免会计的不可视性(invisibility),排除了局限于货币尺度的会计,与之相反的诞生了日本的管理会计。当时强化的可视化管理也可以看出现场主义对它的影响。

其结果,每个企业都产生了各种具有企业特色的成本管理方法。比如,NEC 二段式标准成本计算和丰田汽车的成本企划、成本改善等。用丰田生产方式的创始人大野耐一的观点来看,现场主义可以避免"会计的不可视性",因此具有非常重要的意义。

但是另一方面,连接收益企划和预算管理的成本改善也是并存的,不得不说这也意味着双重的现场管理。1962 年制定的成本计算标准推动了作为财务会计的成本计算的标准化,但是包括成本管理在内的(现场)管理会计的成本计算并没有得到完善。

藤本提出的生产领域中的新概念是指站在客户的角度把生产现

场作为模拟市场(quasi-market),现场主义存在一种选择淘汰的机制,比如,在导入新的自动化设备时,生产技术人员需要把具体化的全新概念附加于设备并推销给制造现场。通过上面的例子,设备投资需要进行意见表决时,就需要通过彻底执行分职能管理来追求跨部门的管理活动。

(3)强调自主性(voluntary):自发的

小集体活动或者质量管理(QC)小组等提案制度,是从NCR(是全球领先的技术公司,是全球性的管理技术解决方案领导供应商)和福特等企业的实践为模板导入到日本企业的,但也存在着巨大的差异。美国企业主要是以降低成本、增加收益为目的引导员工提案,制度实施的责任者则通过账簿上的数字对效果进行评价。相比之下,日本企业是以全员参入制度为目的,责任者的考评是员工的参与度。换句话说,就是属于同一个职场的员工组成小组,从中选出小组领导,以其为核心形成互动讨论的环境,并确立自主的目标,为达成目标努力开展自主管理活动。

当然,这是作为全员质量管理活动的一环来推进的,但从另一个角度讲并不能说是员工自主地组织起来的。尽管如此,自主管理活动这个概念是职场中为了促进员工自主性而开展的小集体活动,表示了其产生的称呼,此观点需要得到关注。最初的QC小组活动大多数都是在工作时间之余去开展的。

同样,与供应商之间的关系也要创造以生产工序为中心的"自主"改善活动的环境。"自主研"(丰田生产方式自主研究会)就是很好的例子。

另外,美国的肯塔基州设立有供应商支援中心,主要是考察什么样的供应商以什么样的课题开展活动,其结果信息也不会通过官方的渠道传递给丰田,这方面做了充分的考虑。当然,通过强调自主性,可能会导致比对手延迟,但是反而也会起到增加压力的效果。但这并不是企业能够完全控制的,最终需要社会整体的维持和调整。

（4）质量、成本等生产制造和源流管理：嵌入·制入·深入

日本企业中的质量管理活动和成本管理活动是以现场为基准,针对生产线以及操作员双方展开的全员活动。这是指质量和成本在设计阶段就已经确定,以此为基础彻底推行质量和成本在现场打造的"源流管理"。

关于这一点,与美国以质量管理和成本管理专员（管理者）为中心的实践活动完全不同,它诞生了很多以质量职能部署（quality function deployment ,QFD）为首的质量工学的手法。从 VE（价值分析）来看,不局限于生产阶段的 Second look VE,还有设计阶段扩展的 Fast look VE 以及可以追溯到产品企划阶段的 Zero look VE,这些具有方向性的决定作用。

另外,产品开发阶段通常会开展的客户工程师制度是指,并不是单纯通过价格交涉来降低成本,而是让制造部门与供应商的工程师之间达成共识,认识到成本（设计成本）和个别具体改善活动之间的关联性,从而提高 VE 和成本改善的有效性,构筑长久的关系,实现双赢的目的。形成了与供应商之间的信任,以此体系为基础追求成本交流,而非价格的探讨。

也就是说,成本企划（Target Costing）是把成本这个共同语言作为媒介,提出更多改善手法的提案实现目标成本管理,这与以围绕售价谈判或交易为中心的"target pricing"具有明显的区别。以此为基础签订基本交易合同,但是个别的订单则根据看板进行常规化,针对价格和数量等不再签署必要的合同,而是根据双方的意见定期地对价格进行调整,这就是日本独特的贸易规则。

另外,为了实现质量和成本的生产制造,要追求后工序向前工序看齐,把后工序看作是客户,有了这样的认知,才可创造出后拉式生产的 JIT（Just In Time,准时制生产方式）。这个想法的起源是大野耐

一先生战后访问美国时看到了美国超市的方式,并将这种方式应用于工厂管理之中。

3. 成本企划的制度性和文化性特征

成本企划(Target Costing, Target Cost Management)对计算结构以及运营双方来说,都与以前的会计有很大区别,以世界的水平和观点来看,也是具有很多独有的特征。也就是说,成本企划是从欧美及亚洲等国的家电及汽车相关行业开始试行,其他各个企业及产业再根据其特点进行转变形成了独自的形式。这一点也可以从文化的多重性这个角度来进行分析。

下面针对日本企业成本企划的特征进行以下几点分析。这也是前面所提到的,(日本的)分职能管理、现场主义、强调自主性、源流管理和打造质量这四点可以反映出日本经营体系的设计。相反,这样的(包含计算规则)计算体系也构筑了日本的经营体系。

(1) 单位产品·服务的追求

首先,说起成本企划的特征,无非是以单位产品及服务的成本的所有计算为出发点。在这里,最终计算系统排除了间接费用,不会因为产量的变动而影响成本的变化,尤其希望让客户感受到产品凝聚了其所有的需求。

这里的"个"即"整体",是成本世界的特征,但是集约于单位产品及服务的计算系统的构筑的思维方式,与之前的间接费分配为前提的会计思维是完全不同的。为了追求单位产品及服务的成本,计算的方法以及管理体系的关联性等在开发阶段还未决定的事项必须作为前提条件放置。以下的几点与其密切相关。

(2) 原单位和比率

第二,作为成本计算的逻辑,原单位(物量单位)和系数相乘的结果就是成本企划的对象。关于掌握成本的方法有很多,由于担当者的职位、经验、文化等不同会产生差异。根据这种差异性,让产品开发的成员进行责任分工,以现场主义为基础统合不同现实(现场)的方法结构,特别是现场可视化以及跨越会计的不可视化。

也就是说,以设计技术者为中心,通过设计图纸的改善,尽可能减少原单位,这种从技术的角度捕捉成本的活动就是成本企划的基础。比如,降低点焊中焊点的数量。

对此,通过设备的有效利用等来降低系数从而使原单位成本下降的活动称之为"设备投资企划",生产技术人员是主导者。比如,通过设备的共用以及现有设备的有效利用降低单次焊接成本。

成本企划和设备投资企划的分离是在进入 80 年代之后,随着FA(Factory Automation,工厂自动化)和 CIM(computer integrated manufacturing,计算机集成制造技术)等的大量导入,设备投资额急速上涨的同时也加速了分离。近几年全球化的竞争越来越激烈,这种分离正在被重新认识。总之,在企业里作为产品开发的综合管理活动,成本企划的必要性正在提高(参照图 1-5)。

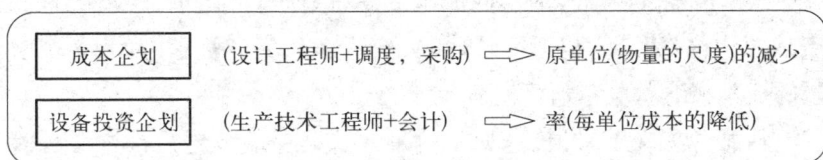

图 1-5　成本企划的二分化(20 世纪 80 年代后期)

(3)成本的二次元:"发生"和"决定"

第三,既往的成本企划中的成本计算,都把焦点放在了成本的"决定"而非成本的"发生",生产前期具有以决定为基准进行成本管理的特征。也就是说,主要使用设计成本的特殊成本概念进行虚拟计算,计算的基准由"场所"的计算开始转向"物"的计算。

总之,设计阶段的前提就是新旧产品进行比较,排除与生产、采购相关联的未确定因素之后来进行计算,计算在设计阶段确定下来。另一方面,生产开始后,相互调整生产阶段和设计阶段的计算,避免出现两者之间大幅度的偏离。

这个基础,并不是成本的发生过程,而是聚焦在决定阶段,可以说是具有控制成本的意识。在零部件的设计图纸确定之前,推算目标成本,在收益范畴内权衡产品整体的成本与零部件成本,制造融入就是上述平衡与市场的反向计算的融合所产生的。

供应商方面也要求同样的过程,日本供应商的设计图纸大多数以批准图为主,这种方式对组装工厂和供应商双方来说都具有一定的作用。对于组装工厂来说,即使没有成本数据,通过供应商的提案也可以达到降低部分成本的目的,作为供应商,从组装工厂的技术人员学习来的知识,也可以更好应用在其他组装厂。另外,批准图与提供图在成本构造上并非同一,这个差异也是日本的供应商关系造成的。

上述成本企划事例中,得到了量产之前(设计成本)和量产之后(实际成本、标准成本)的不同成本概念,即使量产之前,生产准备和产品设计、产品设计和工程设计、质量管理和生产管理之间,各个阶段的成本概念都会有所不同。

从某种意义上来说,这种差异是无法避免的。越是推进源流管理,则越容易产生差异,因此只能针对目的构筑计算体系。开发量产阶段前的计算和量产后的计算是不同的自我完结方式,计算上来看与整体没有关联性,并且各自以 PDCA(plan-do-check-action,计划-执行-确认-处理)进行循环(后面会提到的目标成本绝对值的转移,与自我完结化计算体系是可以相提并论的)。

但是,随着目标成本的计算由差额向绝对值的转移,发生和决定之间计算系统的差异会逐渐消失。不过,要留意工厂总费用管理依然存在差异。

（4）扎根于组织的全员活动：会计职能的分散化和责任会计的扬弃

第四，成本企划并不仅仅是成本，它还包含质量、价格、交货期、效率性（环境保全）等同期管理的特点。在成本企划各个阶段，依据前述日本方式的"分职能管理"，构筑质量和成本等分职能关联组织委托的体制。由此，不仅仅是管理会计史主张的工程学和统计学之中存在对立和相互关联，设计与生产技术，特别是采购、销售、市场等部门的管理会计职能（出纳级别）也出现了分散化。

其特点不仅仅是指设计、开发部门，其他采购、财务、生产技术、销售等部门也在早期进行相互关联。关于开发方法，不要采取接力方式，焦点应着重放在类似橄榄球的、齐头并进的方式上。相比于结果，过程更为重要，设计开发或生产准备等，会构建过程管理中具体问题的对应体制。

另外，成本企划拥有按产品种类进行长期预算管理的特性，这一方面与预算有所不同，它跨越了部门间的计算以及各种制约条件。这就是所说的计算从"场所"转向"物"。

这一点与责任会计的扬弃有紧密的关联，也可以说这对日本管理会计独自性格的形成具有重要意义。也就是说，分离会计的利用使得 Miller & O'Leary 的人类（个人）的计算变为可能。约翰·莫里斯·克拉克提出的"目的不同造成成本相异"的主张，在管理会计的历史中也具有重要意义，日本管理会计志向于多项目标深层存在的个人和会计之间的宽量关联性。可以说成本企划最根本的想法是真正超越克拉克的思维。成本活动的结果并非是一个客观计算值，而应该看作是创造与特定目标相一致的成本。

（5）目标成本的设定（"差额或绝对值"转向"差额和绝对值"）

第五，关于目标成本的测定。关于成本应该包含哪些项目，以及关于成本的统计单位应该是现行产品与新产品之间的差额，还是新产品的绝对值的问题。

关于前者,既有开发阶段到生产准备阶段一系列过程中成本限定项目(例如,丰田限定于设计成本和加工费),也有根据开发阶段需求追加成本项目(例如,松下电器)。关于这一点,以成本工学的概念去思维,或是以零部件采购的观点来判断。

关于差额还是绝对值这一点,往往以特定的供应商之间的持续交易为前提,只把现行产品和新产品之间的差额作为对象,以目前为止的系列执行为基准,与成本企划的实践相结合。企业间的关系可以反映计算系统的存在方式。

但是,也有观点认为会有陷入渐进主义(incrementalism)的缺点。关于这一点,丰田在进入 2000 年之后,随着竞争条件的变化和全球化的影响,从差额转变为绝对值,正如 CCC21(construction of cost competitiveness 21st century,面向 21 世纪的成本竞争力)和 VI(value innovation,价值革新)等所开展的活动,更多的开始重视产品开发项目上游的技术开发阶段的战略零部件的成本企划活动。

(6) 反向计算(以市场为源头计算)和目标成本设定的前提条件

成本企划也被称为反向计算,以市场客户认定的价格为思维的出发点。但是要注意目标成本价格设定的前提条件也不仅仅是这些。当然,除了目标销售价格之外,还有生产数量(销售企划部署)、设备投资额以及工数(生产技术部署),进一步确定工厂生产(生产管理部)等,这些都作为前提条件将在成本企划相关的会议上进行商讨。同时,与各产品项目分别以各个责任部门为主体目标的设定体系有着深刻的关联,这些又要以与方针管理有效结合为前提。

从以上的考察内容来看,可以看到目前的成本企划兼备了日本经营体系的特质。也就是说,作为成本企划前提的跨部门的组织体制进行了分职能管理的展开。为了回避会计的不可视性,着眼于成本的确定基准,从现场主义思维出发,主要使用技术基准的成本。另外,各种形态的组织间学习的机制,其前提是强调自发性。聚焦成本的决定与发生之间的关联性,强调源流管理以及质量和成本打造的思维(见图1-6)。

日本经营体系	成本企划的物质	计算的原则	文化编辑方法
(日本的)分职能管理	跨部门的组织体制	单位成本	反复
现场主义	会计不可视性的回避	原单位和比率	去，看
自发性的强调	嵌入组织学习	发生与决定	并列　错开
打造源流管理	成本决定与发生之间的关联性	会计的分散化	错开　深入
		差额或绝对值	错开　并列
		逆向计算以及各项计算前提的目标化	

图1-6　日本经营体系的特点和成本企划

(7) 会计机能的分散与统合

日本企业中,把会计机能分散在制造技术、生产技术、财务、采购、销售等各种职能部门,把它作为轴心,形成共同的开发体制。在关于成本的认识上,各种机能拥有巨大差异性,为了进一步统合分散化的会计机能,需要通过磨合,尝试在认识上形成共同点。

例如,丰田的成本企划过程中,设计图纸中的各项前提条件在现行品与新产品间进行对照,比较现行产品的实际成本与新产品的估算成本,采取措施尽量减少两者的差距。在制造工厂以及供应商还未确定的阶段,估算出目标成本和目标收益,对以VE为开端的个别具体的成本企划活动进行调整,但这并非容易之事。这个虚拟计算系统统合化过程的存在,使得有效的管理体系成为可能。这个机制就是"统合、分散型管理会计体系"。

近年来,许多的企业不断导入企业资源计划(enterprise resource planning, ERP),某种意义上讲是在尝试着把各种商务体系进行统合。但是,"物"和"钱"这种一对一关系的 ERP 系统,则要求日本式的工作推进方式发生巨大的变化。

作为分散化后进行统合的新方向,有成本企划的扩展,靠近活动标准,生命周期(成本)分析和质量成本计算等方法。

综上所说,预算制度、成本改善和成本维持等体系是以部门计算为基础,也就是说相对于"按场所管理",成本企划是以产品计算为基础的"按物管理"。另外,前者的焦点是成本的"发生",后者的焦点是成本的"决定"。

前者是以既定的意识决议为基础进行计算的结构,也就是说针对未来的过去化,后者是从既往的意识决定的影响因素中解放出来的结构,也可以看作是未来和现实的结合。"物的计算"和"场所的计算"如何与理论相结合,特别是如何管理以各自为基础的各别具体活动显得非常重要。

另外,生命周期(成本)分析不但适用于产品开发阶段,也适用于技术开发阶段,因而提高了技术开发和产品开发的联动性。无论从任何方面,针对已被切断的 PDCA 循环推动起到了关键节点的作用。

4. 结束语

本章列举了丰田的成本企划。另外,本章还提到为了让实践中的内容形象化,采取实践基础研究的方式进行说明。比如在谈到与 VE 的关联性,把客户所期待的产品及服务机能,通过"目的语"和"动词"的分解进行动态的把握,把静态的"名词"用代表动作的"改善行动"来转化为"行动"(action)。这些"行动"再通过跨部门间的活动的转化,使谋求分业体制的高度化成为可能。这就是从战略转变为战略"行动"。

进入 2000 年,许多日本企业都开始偏向于个人成果主义,逐渐向部门制、项目制(场地制)计算转移,原本以产品开发项目制和经费制的计算为主流,但通过扣除业绩考核的要素,使得分职能管理(跨部门)的体制得以维持。也就是说,目标成本并不是按照个人进行分解,而是通过扣除主管会计的要素,使得人事考核和管理会计(业绩考核会计)之间保持一定的距离。由于责任点的重要性,同时考虑到会计的不可视性,形成了对贯彻主管会计做法的消极抵抗。但是,随着成果主义的抬头,比起跨部门体制的重心逐渐转移至部门制和个人制的计算空间,如今也需要我们去重新思考。

阅读 1-2 与供应商的关系及产品开发

1. 序言

汽车以及各类工业产品都是由各种原材料及零部件构成的。在产品开发过程中需要涉及相关材料和零部件的开发和设计。但是当今经济社会,所有的原材料和零部件,并非全部为内制,而是由外部企业供应,因此,这些零部件是委托供应商进行设计及生产,或是自己设计而生产交付于供应商来完成。因此像这种与供应商的关系体系称之为供应链。

翻开历史,日本汽车产业是按照系列搭建了供应链,而美国的汽车总装厂零部件的内制率相对较高。再往前追溯的话,在欧洲也曾经历过用马车或二轮车的通用件制造汽车的年代。

各个时代各个国家,构建了各种形式的供应链。但是无论任何形式的供应链,关于产品开发都需要协同供应商进行调整。这意味着,在产品开发中与供应链之间的关系,对于制造业来讲有着巨大的影响。本文针对产品开发中与供应链之间的关系,从成本管理的角度分析针对实际业务产生的影响及其思维方式进行论述。

2. 与供应商关系性的思维方式

（1）企业与下行供应商之间的关系

组成产品的原材料和零部件并不是由同一家企业生产制造,而是从外部供应商进行采购调配,这些供应商也称之为下行分工企业。那么以下行分工企业的观点去分析同供应商的关系。

分工协作的优点在于,通过专业化提高生产能力或生产效率。这种优点源自技术的优越性、规模经济性思维以及加工熟练程度等。其结果就是,比起企业自我生产,从供应商那里进行零部件的采购,成本会更低。

从企业分工形成的供应链的观点看,从提供原材料的企业开始,到初加工和担任最后组装的企业,上流至下流,对于客户来说这就是一个产品增值的过程。这种供应链,波特(Porter)称之为"价值体系"(value system)。波特(1985)将针对客户的研发、采购、生产、销售等创造价值的活动定义为"价值活动"(value activity),价值活动的链接称之为"价值链"(value chain)。价值体系就是通过价值链连接各企业。波特的价值体系如图 1-7 所示。

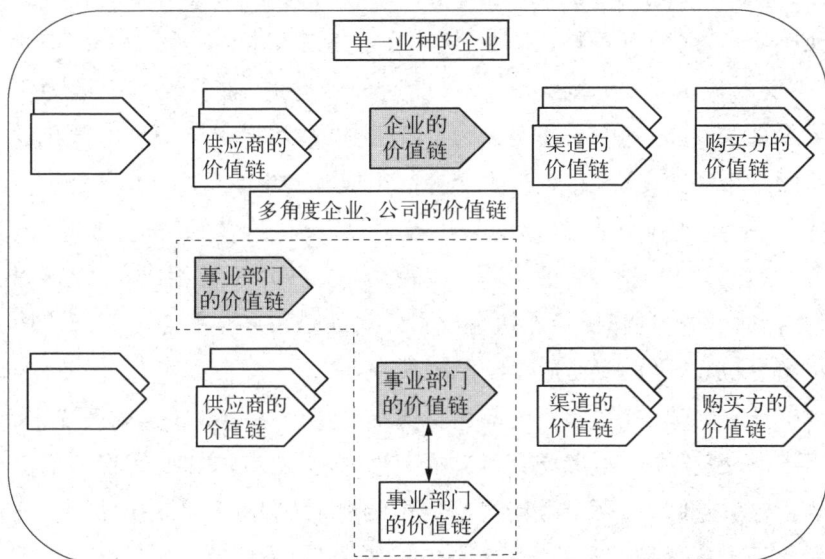

图 1-7 价值体系

(出处)Porter, M. E. (1985) *Competitive advantage*, *The Free Press*

波特将企业自身价值链与供应商、渠道价值链之间的连接,称之为"垂直连接"。销售能力及购买方的交涉能力,会影响到整体链条的收益性,同时也会影响到个别企业的竞争优越性,因此垂直连接管理得体,可以提高企业的竞争力。

（2）交易费用的经济学

整车厂及零部件工厂之间的企业分工是由契约作为基础。例如,整车厂如果要从轮胎厂采购轮胎,就要对轮胎的交付型号、交付期、价格等条件要有所表示,再进行签约。同样供应商要为整车厂提供汽车空调的空气压缩机,也需要事前对其规格、交付期及价格等条件进行明确的契约签订。如此,企业分工要伴随着契约的制定,契约的履行条件也影响了与供应商之间的分工。特别是买卖双方的交涉能力也会影响到契约的签订及履行。

现实中为了实施市场交易,为了寻找交易对象、确定交易内容和实施交易等,会有各种成本发生。相关交易成本,科斯(Coase)定义为"交易成本"(transaction costs)。这种交易成本,在现实中成为不可忽视的存在,其中一些交易为了降低其成本,提出了交易内部化的主张。市场交易中,首先产生交易信用成本,其次产生各类交易执行成本(确定契约细节、确定交易执行手段、不执行契约时的法律手段等),针对这些成本,企业内部交易可降低或不产生信用成本,也可以通过确切的管理降低各项执行成本。这就是很多企业热衷于推广内部交易,追求降低交易成本的原因所在。

依据科斯的主张,在内部交易成本高于市场交易成本的情况下,以市场交易为主;当市场交易成本高于内部交易成本时,实施内部交易。这就意味着,高于市场交易成本的产品(服务),不在内部生产,而低于市场交易成本的产品(服务),追求企业的内部生产。因此,在客户价值创造流过程中,低于市场交易成本的活动在企业进行;而高于市场交易成本的活动应委托供应商进行推动。

在科斯思维的基础之上,威廉姆森(Williamson)提出产生交易成本的原因为机会主义(opportunism)及限定的合理性(bounded rationality),并阐述了内部组织(internal organization)具有下列的优先性:"内部组织不会承担像市场契约这样的机会主义的危险性,能够实现逐步、顺应地处理不确定性和复杂性。这种逐步适当的处理流程，对于限定的合理性来讲起到了非常节约的作用"。其具体内容分为以下三点：

第一，"对比自主型契约对象，内部交易的当事人，作为机会主义主张的结果，通过牺牲整体的组织（体系）来获取内部集团利润的程度较小。也会削弱机会主义行动的诱惑"。第二，"针对内部组织，能够进行有效的监督检查"。第三，"当发生意见冲突时，内部组织可以解决争论，发挥市场介入交换的优先性"。如此具有优先性的内部组织"可以减少库存，而且在技术分离的各工序间进行交涉，减缓增高的部分。也就是说，大多数的情况是为了交易关联的各种原因而发生"。

通过上述内部组织优先性的说明，威廉姆森又提出以下问题："最终产品如果是由可分离的零部件组装的产品的话，那么哪些需要外部采购？哪些需要内部制作？如需内制，那么需要配套什么样的组织体系？"也就是提出针对客户价值创造活动。哪些是由企业内部自行解决？哪些需要委托其他外部公司来执行？针对这些问题，威廉姆森解释为："垂直统合技术上可以分离的工序，需要以交易相关的根本原因为基本做起。"针对垂直统合的先行研究，尝试对交易关联进行解析。第一，作为实现垂直统合的要因，即便没有技术相互依赖性这种物理性条件，因为不确定性及少数主体供给模式而进行的交易，通过垂直统合就可以得到降低交易成本的机会。第二，关于市场交易中的相关危机成本和道德风险，购买方会要求监控供应商。不仅仅是为了削弱供应商的机会主义诱惑，更是为了降低监控成本，购买方会希望进行统筹管理。第三，零部件供应商少、组装为多的行业，为了防止组装企业利用其他代替品，就不能仅用口头约定，还要进行统筹管理。第四，合并与市场交易契约相比较，一次性合并契约比反复的市场交易契约成本低。

并且,威廉姆森提出了"资产专用性"(asset specificity)这一概念,并做了以下说明。永久性的投资与专用的交易相关联,并且这个投资的价值有明显的降低,称之为专用投资。通过这种投资得到的资产只能用于特定用途,如果用于其他,其价值会明显下降,将这认为资产专用性较高。这种资产专用性较高的情况下,会增加相关联的交易成本,如此情况下将转变为内部交易。

科尔伯特(Colbert)和斯派瑟(Spicer)针对上述现象提出:在资产特殊性低的情况下,利用此资产进行生产并重视规模生产的经济性,从而推动进行市场交易。

米尔格罗姆和罗伯茨针对交易费用相关经济学体系,进行如下分析:

第一,经济活动的总费用,是指依赖于技术和实物投入的生产费用,以及依赖于交易运营的交易费用之合计,一般来讲是不准确的。生产费用和交易费用同时依赖于组织和技术两个方面,所以生产费用和交易费用的概念区分很模糊。计划延误导致的生产滞后的情况下,是因为计划制作推迟导致的结果呢,还是因为没有能够快速对应计划变更、技术层面的原因导致的呢?

第二,不是交易费用本身的问题,而是指高效的结构可以降低交易费用的思维方式。比如,按照科斯定理来看,雇佣关系影响到总交易费用的最小化是可以理解的。只是,雇主他们自身必须负担的费用并不是全部费用,雇佣、报酬、晋升、监督,还有出勤考核等相关的交易费用都需要最小化。上述交易费用中也有员工负担的部分,为什么雇主将其纳入自身负担费用之中,为何不将所有交易费用由员工负担呢。

现实中有类似"派系""集团经营"的市场和内部组织特征并存的企业间关系。因此,"组织是契约的集合"(nexus of contracts),是各种规定以及各个组织成员相互之间的协议的集合。所谓企业,是指对企业的零部件供应商、劳动者、经营者,以及顾客之间比较简单的双边契约法的拟定。

把组织作为"契约的集合",可以灵活地解释组织的边界概念,并且可以说明派系、连锁型组织、协同组合、联合经营等多样混合的组织形态。

关于组织是"契约的联结"的观点,米尔格罗姆和罗伯茨强调人们在参加组织的时候的自发性格具有缔结契约的能力,根据重新调整契约条件而进行组织改革,重新设计,同时也存在放弃的可能性。然后,最终确立组织,管理组织,判断其成果,最终由个人判断其结果,如果不合适,就重新确立或者废弃。

（3）与创新源泉供应商的关系性

创新的成果是以产品式样或生产过程的革新而出现,创造性是这样创新的源泉。这样的创造性,通常是以一个企业为单位去思考。针对如此传统的思维方式,不仅仅是该企业得到创新成果的益处,而且客户和供应商也得到了创新成果的益处,所以根据产品特性的生产企业,顾客与供应商同时担当起触发创新的创新者的责任。按照这种说法,创造性作为创新的源泉,存在于企业、供应商和客户的价值体系之中。在其意义上,同盟利用混合型企业（供应商及下游企业）的创造性为促进创新而努力。

（4）与供应商关系相关的途径依存性

虽然说企业间的分工提高了供应链的效率性,如此分工的存在与否受时代或社会因素的影响。比如,日本的制造型企业在海外发展之时,如果没有生产所需零部件的当地企业,就需要从日本进口或由日系企业在当地生产,或在当地打造零部件产业。

就像米尔格罗姆和罗伯茨所提出来的那样,创建组织并管理、判断其成果,成果不好的情况下需要重新创建或者废弃,上述决定归于个人,供应链也遵从其决定。但是,上述个人意识决定遵从于西门所说的"有限合理性",受限于意识决定执行的环境(时代和社会形势等),根据情况构建和运用不同的供应链。说明供应链等制度产生的思维方式称之为"途径依存性"。

100年以前的欧洲,汽车的发明是由马车的动力变更成内燃机开始的。那个时候,动力的传输装置等需要进行开发,但是马车的车轮可以使用在汽车上。如果能把通用性很高的马车的零件转用到汽车上的话,那么比起自身制造,在市场采购的成本会更有利。通用性较高的零部件如果可以在市场上采购的话,比起内制购入会更加利。

但是,把马车的动力从马转换到内燃机,汽车作为交通工具理念的进化过程,是艾伯纳西和厄特拜克所说的主导设计的确立。汽车需要其专用的零部件,在市场上采购不到的情况下需要选择内部生产。零部件的自制和组装过程如艾伯纳西和厄特拜克所指出的,是伴随着创新的过程,福特生产方式就是这个过程。

丰田汽车当年也曾想导入福特生产方式,但是在公司创建之初的状况下导入福特生产方式并不是件容易的事情。丰田喜一郎指出,"美国的福特和雪佛兰采用的是年产百万台以上的大批量生产的生产方式。我们是不可能学到这样的生产方式的"。在当时的状况下,关于零部件生产很难实现像福特、GM(大众)那样有效率的规模性生产,另外还可以推断当时没有充足的资本来支撑丰田自制生产。所以,丰田"从钢板、螺钉、座椅用的布材等基本零部件,和前照灯、刹车、燃料喷射装置等复杂零部件,也都是选择依靠外部零部件工厂来生产加工"。

随着生产活动的国际化,企业间的关系性也变得多样化。在某种状况下是最适合的供应链,但在不同的情况下就不一定是最适合的。途径依存性的思考方式,对供应链管理提供有价值的借鉴。

3. 产品开发中与供应商的关系性的管理方法的思考

依据到现在的考察,针对产品开发中与供应商的关系性的管理方法进行探讨。

在完成品的零部件从外部企业采购的情况下,将该零部件在本公司设计生产的成本和外部企业采购价格、交易费用合计金额相比较,相对自制成本、外部企业的采购价格和交易费用合计金额如果小的话,考虑从外部企业采购。但是,交易成本不像制造成本具有可预见性,有可能是未来发生的费用。如果决定从外部企业采购零部件,那么为了确保这个决定的实行,追求交易费用最小化的管理是很有必要的。供应链管理的主要内容可以概括为降低交易费用。例如,系列是其手段之一。谋求交易成本降低,就要以消除信息的非对称性或是避免机会主义为主要目标,追求监控系统或奖励系统发挥其作用。

在产品开发这一状况下,为了整合供应商零部件开发和自公司的零部件开发,监控系统和奖励系统是很必要的。例如,从批准图厂商邀请工程师的嘉宾工程师制度,期待某种的监控功能。企业间的信息共享是完成监测系统的功能,关于协同工作后的利益分配是完成奖励机制的功能。在这基础之上,建立企业间的信赖关系,交易费用才能降低。

与供应商关系性的管理方面,在《分工的协调和组织知识创造管理的困难性》一书中,蒂德(Tidd)等人是这么论述的:

……网络的利益并不是自动取得的。为了使其过程成立,需要努力地进行调整。高效率的网络、系统论的专家,可称之为具有相乘涌现效果,也就是说整体比其部分的总和都大的现象。但是,不仅仅是把企业聚集在一起,其内部不和,沟通不够,围绕资源和目的不断发生冲突,结果远远低于各部分总和的危险性会很高。

因此,在企业间关系上作为固有的管理方法,Bessant and Tsekouras 指出了 8 个核心流程,如表 1 - 1 所示。

表 1 - 1   内部组织网络 8 个核心流程

流 程	基 础 性 课 题
网络的创造	怎样定义网络成员的关系
决策	意识决定是如何(何地,何时,由谁等)实行的
争执的解决	争执是如何解决的
信息处理	信息是如何传递的,又是如何管理的
知识的获得	为了能够在网络全体利用,如何明确获得知识
动机/承诺	参加网络/保留,如何让成员保留参加的动机 (例)关心开发,并积极地推进
风险/利益的分担	风险和利益是如何分担的
统合	网络内的各个主体间的关系是如何构建并维持的

(出处)Bessant, J. and G. Tsekouras (2001) *Developing learning Networks*

如 8 个核心流程所示,影响基础课题的因素是企业之间关系的组织文化和风土人情。企业间关系是根据企业间的协作创新和伸缩性分工实现的结构,并为此缔结的契约。但是,预计未来所有情况下明确的契约签订是不可能的,而对其补充完整的是"默契的契约"。默契的契约是指"针对不完整的契约起重要的补充功能,当事双方在相互依存关系的基础上应该是共享的期待"。正因为有这样的共有的期待才是企业间关系的组织文化和风土人情。并且,实现共有期待的信赖关系是组织文化、风土的基础。这种信赖关系像小林和汤姆金斯(Tomkins)所指出来的那样,在企业间管理会计的设计中起到了重要作用。

企业间的紧密关系,特别是对于融合型产品开发来说是非常重要的,对于规格化产品来说,企业之间的紧密关系也是很重要的。关于这点，Miller and O'Leary 分析了英特尔（Intel）的案例，下面具体介绍一下。

在英特尔，为了对微处理器的新产品投资的个人资本支出互补投资体系做出评估，在 DCF 分析技术时使用了高科技行程表。然而，英特尔以外的企业的补充性投资如果不是仔细小心，正确的同步化，程序技术和产品升级导致的微处理器速度的提升所获得的利润会非常少。因此，英特尔将高科技行程表定位为"为实现系统整体创新，构成要素利用可能的时期，构成要素的技术层面、经济层面的相互影响的方法，设计他们进行投资的各个组织间对共享的期待"，供应商、合作企业、OEM（Origin Entrusted Manufacture，指定牌生产合作，俗称"代工"）顾客、企业下面的组织等参加的补充性投资是细心、准确且同步的。Miller and O'Leary 的结论是，高科技行程表的作用是供应商的革新的调整、企业内部调整、顾客及合作企业的设计的调整。

4. 对成本创新的贡献

供应链一方面期待企业之间的创新带来新的客户价值，另一方面期待实现成本降低（企业单独很难达成）。桑克和戈文达拉扬（Shank and Govindarajan）指出，在此之前，管理会计只注重企业内部，导致与供应商之间失去了很多该得到的机会。所以，以波特的竞争战略为基础，个别企业的管理会计从价值系统的视角导入，提倡价值链的分析。关于价值链分析的重要性，桑克和戈文达拉扬指出，企业为了获得并维持竞争优势，不仅仅要懂得企业自身价值链部分，还要掌握所有的价值流通机能。最终消费者需要支付所有价值链关联企业的利益，"生产企业和客户，生产企业的供应商和客户的客户"的利益对于理解企业成本和差别化定位具有重要的意义。

作为具体的案例，桑克和戈文达拉扬介绍了 Hergret and Morris 的下面案例。散装巧克力（卖给生产商的巧克力）在搬运的过程中不是以 10 磅的固体形态,而是以流动的液体形态使用罐装车进行搬运,这样工业巧克力生产厂家节省了固化及包装工序,使用厂家也节省了开包装和溶解巧克力的成本。

Carr and Ng 也同样提出了企业间成本管理的观点。关于成本企划,他们针对英国日产汽车与供应商之间的协同作业进行了分析,对企业间成本降低的活动进行了说明。其中介绍了 open book accounting(以下简称 OBA)的手法。关于信息共享,英国日产汽车只有在供应商同意时才可收集秘密信息,介绍了不损害企业间的信赖关系的方法,指出了信息共享和信赖构建的重要性。

Kajuter and Kulumala 对 OBA 作为供应链效率提高的手段以及顾客和供应商之间的信赖关系建立的手段进行了说明。并且,根据企业间共同协作的努力,为了实现成本降低,成本构造的透明化就很重要,OBA 是企业间成本管理的关键所在。

不含 OBA 的 OBM 是通过会计信息的共有、信赖关系的构建,谋求授权的过程。OBM(open book management)如文字表示,是指通过账簿公开进行管理,通过每月、每周、每天的财务数据的公开,传递最新信息。Case 根据会计信息的共有,指出"为了公司努力工作的员工,也不需要再忍受旧数据或者受限的数据带来的痛苦,经营者也没有必要等到各个季度的报表就可了解各部门的业绩"。在此基础之上,"向员工展示预算和收入状况、现金流的状态,公开资产负债表,征得大家的理解"。可以实现"从业员工从被雇佣者转变为考虑企业全体状态的经营者"。OBA 可以转变为企业间实施的 OBM。

OBA 可指出企业间连接中可以降低成本的关键点,根据企业间的协同作业的努力促进成本降低。同时,缓和企业间信息的非对称性,还具有抑制机会主义行为的效果。

但是,会计信息,特别是成本信息是企业的秘密,所以实现会计信息的共享具有一定的难度。为了实现会计信息的共享,企业间信赖关系的构建是不可缺少的关键。具有资本和人事关联的系列企业间的信赖关系的建立是很有利的,能够促进会计信息的共享。

另外,关于会计信息的共享,Riordan 指出,如果企业间会计管理系统不统一,那么对于会计信息检索和分析会产生难度和成本上升。虽然很难统一各个企业的管理会计和成本计算制度,但是 Riordan 指出在成本管理时需要充分注意。

库珀和斯拉莫得(Cooper and Slugmulder)的连锁成本企划也是通过企业间的协调行动,形成成本管理的一种思维。成本企划中也有分解的流程,产品的目标成本根据性能和产品进行分解,设定相对应的成本目标。分解之后的零部件目标成本成为对应供应商的目标售价。库珀和斯拉莫得把分解的成本目标作为供应商的目标售价,这种成本企划连锁称之为企业间的连锁成本企划,如图 1-8、图 1-9 所示。

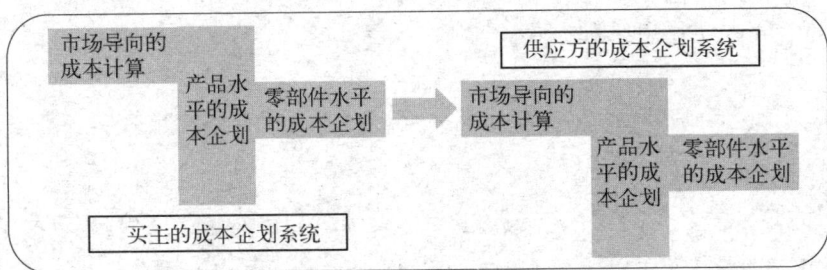

图 1-8 两家企业间的成本企划连锁

(出处)Cooper, R. and R. Slugmulder (2000) *Supply Chain Development for the lean Enterprise*

库珀和斯拉莫得针对连锁成本企划,进行如下描述:"作为源头企业面对的竞争压力,可以通过连锁将其传递给连锁中的其他企业。"通过这种压力,能够刺激整体供应链产生强烈的提高效率的动机。

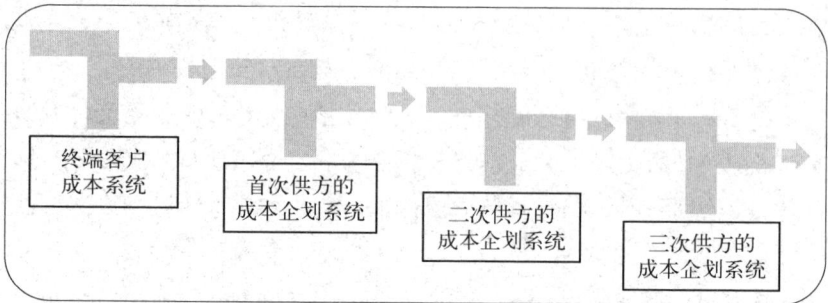

图 1 - 9   多家企业间的成本企划连锁

5. 结束语：当今课题的对应

为了能够达到连续不断的竞争优势,必须要不断地投入具有竞争力的新产品。为此在新产品开发中,不但需要企业内部的组织知识能力及组织能力,更需要整体供应链的组织知识能力及组织能力进行协同配合。要认识到供应商之间的关联性,同时要认识到供应商之间的协作思维和方式。

第二章

外观设计
design

一、设计的重要性

1. 设计的作用

从设计一词当中我们首先会联想到什么呢？如果从服饰和装饰品的观点去思维，可以简单地理解为服装设计，随着季节的变化，具有流行的外观和色调，以及配合四季选材的魅力产品装饰着店铺。

但是，除此之外的进一步想象却很难深入。那么我们改变一下思维角度，从我们日常的生活面进行思维。我们每天早上进行确认的手机，日常生活中的电冰箱和电视，每天我们使用的所有用品，从设计这个角度去观察，会有什么样的变化呢？

追求色调和形状的变化是设计的基本要素，冰箱门的把手的形状及把握方式，电视机遥控器按钮的形状、排列、功能设定的画面表示等，一些容易被忽略的部分也融入为设计的要素。如今，在我们生活的世界，不知不觉中或者在无意识的环境里，设计的概念已经融入我们生活的各个角落。

设计的作用可以解释为，用前瞻性的流行色调、至今没有的崭新外观为基础的"感性"层面，同时实现机能、性能、使用的"场所和目的"等以客户需求来实现其形态的"理性"层面，从更高的水平去融合，为客户提供超值的产品价值。

2. 汽车的设计和价值

设计对于汽车而言和其他商品一样，具有非常重要的意义。汽车作为昂贵的商品，能否提供适合于其价格的设计极为重要。

汽车按用途区分有 4 门 5 座的轿车，还有 7 座的面包车、2 座的跑车，同时按照其大小、价格、价值等又可区分为各式各样种类。同一种 4 门 5 座的轿车也可根据价值区分为小型的大众车和大型的高级车。

　　大众车型车体虽小,但是也要追求实用性高和使用效率高的设计。具体的看车体内部(侧窗、顶棚、梁柱、前后窗等构成),不但有高度和体积,同时,前后车窗是直立的。设计需要提供宽敞明亮的室内,还要考虑舒适性。

　　高级轿车的设计首先要表现出高规格的豪华感,装载大排气量发动机的加长前盖,宽敞舒适的驾驶室,使用高级材料的车内饰,宽敞流线型的车后座,能够收纳大型旅行箱及高尔夫球包的宽敞行李箱等具有实用性的优雅的设计。(见图 2－1)

丰田卡罗拉AXIO

雷克萨斯LS

图 2－1　小型车与大型高级车的比较①

　　上述的差异化也必然涉及各个零部件。小型车小型横宽的散热器进风窗转变为边缘光亮、具有威严感的大型进风窗。内饰的普通布面座椅升级为似高级家具一样的皮革座椅。对应其价值,已经将设计思维做到了细微之处。(见图 2－2)

图 2 - 2　小型车与大型高级车的比较②

3. 设计在企业中的作用

　　当今市场每天都面临无数的商品竞争,所以我们要不懈地磨炼产品的魅力,来激发客户的需求。设计是提高产品魅力的关键因素。现在,各个企业都注力于产品的研发设计,因为这直接关系到企业的效益。

二、设计开发和设计成本企划的流程

　　首先分析一下设计开发、成本企划的推进流程(见图 2 - 3)。
　　设计开发是指: ① 设计企划——设计概念的立案; ② 创意展开——摸索设计创意的方向性; ③ 造型——立体造型方面的创意成

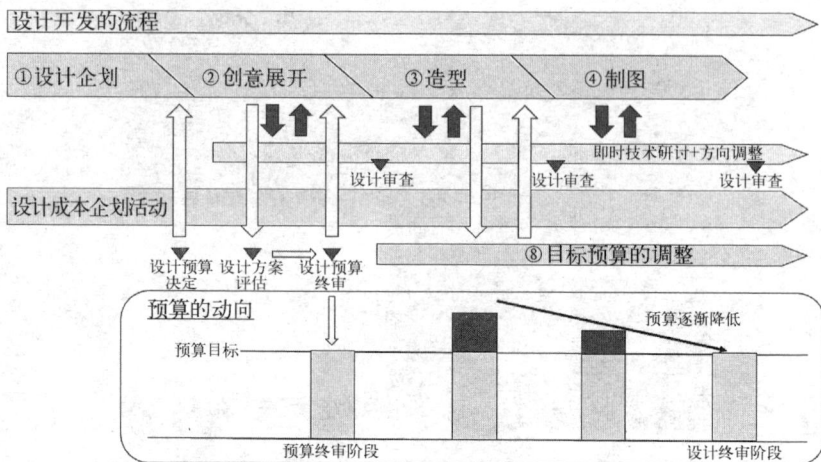

图2-3 设计开发和设计成本企划的流程

熟;④ 制图——将形状数据化。按照上述排序推动流程。这期间，协同设计部门研讨形状设计技术方案的可行性，进行频繁的数据交换。探讨的结果可随时反映在形状设计的改良中，制图的最终出图应从设计角度及技术层面的数据都得到较满意的结果。

同时，创意展开至制图之间由关联部门召开设计确认会议（设计审查），聚焦于设计创意和方向性。

另一方面，关于设计成本企划：① 确定设计预算——以上述规格为基础确定预算;② 设计项目列表、预算——将那些想法到实现目标的设计项目进行列表，同时实施预算评估;③ 设计预算审议——设计项目的决定及内外预算的审议;④ 目标预算的调整——结合设计开发的进度，预算偏离状况的确认和调整。设计在最终确认时一定要控制在预算范围内。设计的成本企划应伴随开发过程而推动，最终目标应兼顾外观及目标预算的双向性。

1. 设计的预算额度的确定

最初应遵从主任工程师的意向，决定所需规格。EQ 推进部门按照其内容,仅将设计所关联的零部件集合进行设计的前期预算制作,之后由主任工程师决定预算额度。设计预算以车辆全体为准制定,这个阶段还没有确定车辆外观和内饰的分配额度。预算额度以前提规格为基本,参考设计重点项目、新技术导入、关键项目,以及充分的商品竞争力而设定。

但是,设计预算根据车型而不同。这是依据车辆价值的差异、售价及大小而不同,当然高档次的车会高一些,小型车则会低一些。因为根据规格内容而发生差异,所以很难进行统一的定价。

2. 设计项目的列表

确定预算额度之后,由担当设计部门进行配额。预算的使用方法由使用人来决定。在这个节点,设计部门广泛构思整体设计方案、预算分配方案、目标设计项目列表等工作(见表 2-1)。

表 2-1　设计项目列表

设计对象零部件成本确认表(型号)
对象车型: 车型　生产面向　等级
企划台数: ____ 台/月

需要投入预算之处是指,要依据目标客户的期待价值,设计需实现次世代的造型。

以具体的案例来说明。从乘用车外观来讲,需要投入预算的地方为车辆前部的前组合灯及散热器格栅。这些部位属于车辆的"颜面",是首先会被关注地方。虽然这些零部件的机能即使车型不同也不会有很大的区别,但是由于设计不同,其外观表现也有很大的差异。

小型商用型车对于有小孩子的家庭而言,圆且稍大型前组合灯和圆角型的散热器格栅更能表现柔和感和亲近感,至于高性能的跑车,为了表现其速度感把前组合灯设计成锐角流线型,以及细长的散热器格栅更能突出其精悍的印象。所以就要充分利用形状和素材通过表情去实现客户所需求的价值。

所以前组合灯和散热器格栅的优先顺序决定了乘用车的表情,一定要从各种可能性当中选择相应的设计。为此,就应该有效率地去分配设计预算。

在考虑设计项目预算总额的同时还要考虑到未来方向性的自由度,充分考虑代替项目的活用性,扩大立项范围。

3. 设计立项预算的计算

以设计立项为基础,以前提规格及项目关联零部件为基础,担当设计部门进行预算计算。设计立项列表,可参照既往的研发案例,对于关联零部件进行初期报价,同时需要将最新的信息进行覆盖升级。近年原材料价格变动较大,更加需要我们确实推动这种单纯的操作。

4. 设计预算的评审

以设计立项预算报价为基础,由主管部门、外观设计担当、设计部、成本企划部四部门进行设计立项内容的筛选,确认内外成本的分配额度,评审确定具有商品力的内容预算。

5. 目标预算的调整

如果正式启动设计开发,一般都会有多数立项并行开发。立项内容并不是开始就归纳为一项进行推动。在摸索各种方向的同时,多项开发同时进行,不但要协同车辆开发的整体时间节点,还要尽可能地将各种接近于项目概念的条件收纳其中。项目概念方向性是指,追求运动款式的具有速度感的锋锐的设计,或者追求具有质感和厚度的坚挺的造型,逐渐形成与汽车原有概念相匹配的设计。

在开发过程中召开设计确认会(设计审查会),通过各个关联部门的判断逐渐聚焦于最终的提案。关于设计审查也是相同,首先精查从设计预算合议阶段开始的内容偏差,并进行重新报价,确认与目标预算的差距。其中超过预算的项目,另立案探讨收纳入原预算框架的方案。

三、设计预算的对象

设计成本企划本应按照车种类和构成比例为前提反映其基本的成本构成,以往决定基本规格为作业的开始,如今为了说明设计成本企划这个概念,聚焦于零部件去解说。

汽车是大量零部件的聚合体。零部件又大致分成属于功能性存在的"功能性零部件"和纯粹是装饰附属品的"结构性零部件"。但是实际上并不是按照功能和结构来进行分类,一件零部件往往共同存在着功能和结构两种概念。

结构预算是众多预算当中以结构部分为对象的关键点,需要将这些关键点区分出来。

在这里作为设计的成本企划不可缺少的结构预算的对象——结

构项目,具体是指哪些部分,下面进行具体的阐述。

1. 前照灯的案例
1)在原有规格上增加结构项目的案例

以最常用的卤素灯为前照灯的案例。汽车的前照灯大多是由灯罩(透明树脂的灯罩)覆盖在主体,由卤素灯源(光源提供部分)、光源反射板(将光源反射到前方)等组成。一般前照灯组合里面还包含前置限位灯和转向灯。这一切装置都固定在黑色注塑主体框架内,无任何装饰而言,唯有灯源及其周围的反射板还能看出是灯(图2-4)。

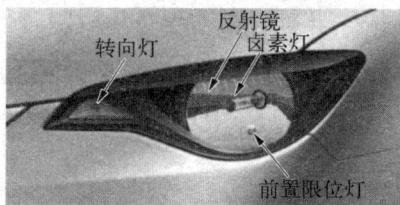

图2-4 基本规格卤素前照灯

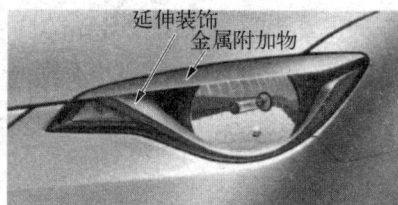

图2-5 添加结构设计元素的
卤素前照灯

通常情况下,这就是设计成本企划的基本规格的状态。也就是"功能零部件"的状态,作为其功能已经足够,但结构外观不具备充分的商品力。

在这里列举一个通过添加结构设计要素,改变外观的案例(见图2-5)。

添加了延伸装饰配件,增加了前照灯的光泽和质感。灯上面以金属条加以装饰,增加了锋利和精悍的印象。

如图2-5所示的基础上增加的零部件称作"构造项目",发生的成本是"构造预算"的对象。

2）伴随着规格的变更而发生的构造项目的变更的案例

即使是同一种车型,根据配置等级的差距,而产生功能、配置和规格不同。

下面介绍前照灯(见图2-5)由卤素灯升级为最新的LED灯(发光二极管简称)的案例(见图2-6)。

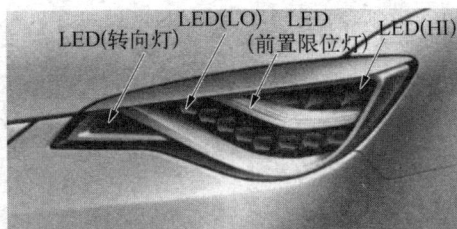

图2-6 LED汽车前照灯

通过变换为LED灯,外观和以往有很大差别,给人以崭新的视觉感。前照灯由多个LED灯组合形成一个带状,车距灯是由原来的树脂部件包裹着LED灯在内部发光变更为树脂部件直接发光。从功能方面看,实现了自动配光和电能消耗降低,达到了高性能化。

在本案例中新添加的延伸装饰零部件和车距灯的变化都是结构预算的对象。

2. 座椅的案例

下面我们就以经常在豪华车中使用的皮革座椅为例。根据车的等级区别,贴在座椅表面的材料也有差异,基础规格大多采用布艺座椅。

座椅表面材料的变更

把最初的布艺材料换成皮革,质感虽然有所提升,但是结构上没有任何变化。这只是单纯的改变表面材质。如果追加一些结构设计元素在里面会如何呢?

　　例如,相同形状的座椅使用两种不同色调的皮革,给人以崭新的印象(见图2-7),并且在座椅中央部实施花纹缝制(在皮革的表面和里面之间夹一个芯,再把重叠的部分缝起来)(见图2-8)等,因为加入了一些精心制作的元素,使座椅的质感大大提高,也营造出了一种高级的独特氛围。

图2-7　表面材料变成皮革的座椅　　　图2-8　添加设计元素的皮座椅

　　这种添加属于"结构项目",必要的成本开销就变成了结构预算的对象。

　　上面作为"结构"发生附加的成本作为结构预算的对象,区别于功能、样式的思维。

四、控制目标预算的方法:保持原有的魅力而实现目标预算的技巧

　　当进入设计审查阶段,也会出现预算内的情况或超出预算的案例。当然,预算多的看起来会好一些。但是,进入审查的议程,基本上会按照相同条件进行评价。为了调整差值,向担当设计部门及主管提出解决提案并进行磋商,将报价控制在预算之内,最终需要达到意见相一致。即在尊重设计担当部门设计思维的前提下,考虑如何将报价控制在预算内。

制造的成本不仅仅是在桌面上,还要认真确认现物,在图纸的基础上脚踏实地的稳步前进。确认现物,会发现比想象还要多的事实情况。坚持积极地去现场的姿态变得极为重要,同时,会在现场的氛围中感悟到很多。

1. 改变素材:替代素材的有效利用

以车前端的散热器格栅为例说明(见图2-9)。曾经有提案要求针对这个格栅的外侧实施电镀处理。

图2-9 散热器格栅

对此设计人员采用把格栅本体上电镀部分用其他零部件装合来替代的建议。但是设计者同时追求减少零部件的数量,追求构造简洁化、轻量一体化的格栅。比较报价发现,不仅仅是制作方法上的不同,而且从成本来考虑高于前者,并且超出了预算。在此将建议分成两个部分去探讨:格栅的外侧面电镀外观设计及一体化构造设计考虑建议,而关于技术方面的问题则另行探讨。关于电镀质感表现技术,可以利用金属薄膜来实现(作为制造方式有很多种类,要选择富有柔软性的薄膜,在格栅成型时将金属薄膜夹贴在相应的部位进行成型,因为和格栅曲面的紧密接触,基本能得到和金属一样的质感)。另外一种方式就是用喷涂的方法来表现金属质感(近年随着技术的发展,渐渐的用涂料来表现金属色泽的方式也越来越多)。

　　以上两种技术经过讨论验证,通过图纸及设计模型(实物尺寸模型)进行确认和判断,最终采用金属薄膜的方法。电镀质感的再现、减少形状设计的变更量体现了外观设计需要,减少设计的变更量、实现一体化及轻量化体现了设计需要,最重要的是成本控制在预算之内体现了成本需要,这是满足这三种需要的最佳策略。

2. 变换大小:模具成本的技巧

　　阻流板作为气流控制零部件安装在车辆的后方。阻流板能改善车辆的空气动力特性,在车辆行走时不仅可以使汽车稳定,而且从设计的角度来讲可以体现像跑车一样的动感。

　　一般的情况下,这个零部件分成两个部分,但是大多以一体成型为中心。总之,为了制作这样形状的零部件需要金属模具。这样的模具需要用巨大的金属块来制作,所以模具的成本很高。关于零部件的成本,根据生产的数量和折旧时间来决定金属模具的制作费用相当于模具成本费用平均分割到每一个零部件上,一般将其归纳为成本的一部分。

　　以某个 MPV 车(Multi-Purpose Vehicles:多用途汽车,是从旅行轿车演变而来,它集旅行车宽大的乘员空间、轿车的舒适性和厢式货车的功能于一身,一般为两厢式结构,可以坐 7~8 人)的开发事例为例。具有运动感的 MPV 车型,由于空气阻力特性的需求,作为标准规格已决定全车安装阻流板。负责结构设计的部门提出了设计方案,阻流板比一般标准稍微大了一些,彻底调查阻流板的形状及尺寸,并委托设计部门测算精准成本。结果计算出的成本报价比预想的要高出很多,这让成本担当者产生了困惑。于是设计部门、结构设计部门和总工程师一起彻底核查了核算的内容,发现了问题所在。

　　设计担当者通过对作为预算前提的构造形状数据的判断,得知阻流板是这个车的构造特征之一,过分地强调这一点就是设定将阻流板做得大一些,这是为了避免模具费用不足,所以预算按照大型号模具进行设定。作为设计部门当然想避开模具费用不足的情况。

像这样,重新确认预算估测的前提条件,就会发现很多事实。预算是以什么作为前提条件,关键在于要充分把握细节。

这个案例最终采用了限制阻流板的尺寸,在设计层面上采取了平衡(大小、比率)调整的方式。

3. 改善制造方法：批量的技巧

介绍以零部件实施电镀处理的案例。零部件在电镀槽里浸泡,需要使用挂钩。电镀处理工序的成本取决于挂钩上悬挂的零部件的数量,所以就要对挂架上的挂钩的配置和方向下功夫,减少堆积及空余,尽最大努力提高单次电镀能力。深入到生产要素,全力思考制造方法的提升,实现成本降低的努力和态度非常重要。

此外,作为一般的思维方式,像在改变素材中介绍的那样,零部件一体化虽然可以降低成本,但是同样形状的加工件表面处理在不同的情况下就不仅仅如此了。具体来说,等级不同会导致规格上的差距,一般来说高等级是采用电镀的方式,中等级是用涂装的方法来完成,低级别的是在无涂装的表面进行喷砂处理,设定了一些不同的表面处理的方法,但是由于表面的规格不同,就造成了一部分的模具很难实现共有性,因此,只有制作新的模具来对应,有时也会形成模具费用重复的零部件群。成本企划要对整体的计划有充分的认识,且必须要考虑有效的预算使用途径。

五、关于规范的差距

一般情况,从车的商品目录就会了解到同一种车型具有不同的等级。发动机的种类、车的内饰内容(导航)、构造的不同、高级材料等组合使用,形成了不同的级别。设计成本是在畅销等级内容的基础上计算出来的,关于等级的设定也根据规格内容为基础计算出来,并进行确认。比如说车体前面的构成零部件当中,保险杆、大灯、散热器格栅的规格不同、组合不同,造成了设计层面和成本金额方面不同的等级。

设计预算的成本管理活动直至设计终案最终被批准和承认为止,基本上到这个节点为止,要保证成本控制在预算内的状态。车辆本身的开发是在设计预案被批准之后,推动落实到细节,直至数年之后产品下线为止。所以设计预算应以本来的零部件整体的成本为根本,结合功能部分进行核算,最终成为持续性的车辆开发的成本管理。

以上是设计成本企划的概要。基本的成本管理,无论是功能上还是设计上都没有巨大的变化。在有限的预算中如何打造出具有魅力的商品,需要不遗余力地下功夫,为了制造出更好的商品,要现场确认成本的内容,进行开发的推动才是至关重要的。

案例2 创造性和设计：从文化的角度来审视雷克萨斯

1. 丰田的创造性和价值分析（Value Analysis，VA）——20世纪60年代

　　丰田公司内部设立的丰田管理研究会的月刊社内杂志《丰田管理》中收录了"为了提高创造性"的特辑，采购管理部管理科的清益先生和二阶堂先生的《VA中创造性的有效利用》发表在1966年的11月刊。

　　当今时代是创新的时代。从新产品的开发、研究、销售、财务到企业内的所有的领域都在追求创新。其原动力就是创造力，从创造力产生的结晶是创意。

　　提高创造力的训练是指1936年美国通用电气公司（GE）以设计技术者为对象实施的创造性工程开发计划（Creative Engineering Program，CEP）。1947年，该公司的采购部长麦尔斯（L. Miles）开发了VA（价值分析）方法的事绩广为流传，麦尔斯对于VA与创造力的关系产生了很大的兴趣。他将人大脑的活动按其功能分为以下几个部分，吸收力（观察事物及关注事物的能力）、记忆力（记忆与反思的能力）、推理力（分析与判断的能力）、创造力（创新与执行的能力）。

　　通用电气公司将创造性定义为"为了解决当前的问题，重新组合以往所获得的知识和经验并创造出新的建议"，并不是从"零"开始创造新的事物，而是将已经存在，或者是已掌握的知识和经验进行"分解排列"，在此基础上进行"变相结合"。

　　创造的根本在于知识，没有知识作原料，就不会有任何产出。丰富的知识和经验是创新的源泉。VA要求由各部门的专家组成专业团队组织，并对其信息进行管理的原因也在于此。

麦尔斯试行的是动词(谓语化)所形成的价值和成本的关联性。VA 是根据动词定义产品和零部件的功能,成本和函数体现价值的手段也只有工程学的方法了。成本的范围也分社会成本和环境成本等,根据各个时期的变化进行分析,在产品开发的各个阶段确定其方向性。《丰田管理》更是在 1970 年 5 月刊里面收集了"为了创造性开发"的特辑。在这当中,为了提高创造性展开了小组活动方式,作为开展创造性的手段——"创造工夫提案制度"被广泛议论和关注。

2. 日本独创——升华到世界价值的理念

(1) DNT 团队

20 世纪 90 年代后期,技术开发竞争的两大主题是环境和安全,前者为混合动力,后者是 GOA(global outstanding assessment,世界顶级水平的安全设计),以此逐渐领先世界的丰田技术部,为了寻求摸索接下来的竞争舞台,在 2000 年启动了技术管理部专职的 DNT(develop the next theme,发展次时代主题)团队。

DNT 团队尊重创造性及其衍生的独创性,同时为了发挥创造性和独创性,以丰田的发源地日本为立足点,有效的区别于欧美品牌的认识,提倡"日本独创的世界价值升华"(以下称为日本独创)。

此后,在亚洲、北美、欧洲的 14 个主要城市进行推动,通过对得到世界承认的日本独创性与其价值的调查,分析出 5 个概念"和文化的优化(精神)""超五感的转变(感性)""内在和外表的匠心(技能)""魔法两面性(姿态)""宽松心境(心态)"。自从 2002 年开始举办日本独创说明会,颁发《日本独创说明书》(面向海外 R&D,即 Research and Development,研究与开发,英语版),并且在 2003 年的"丰田世界大会"和"设计新栋发表会"上面向世界的销售公司生产制造企业的经营者,以及新闻媒体公布了日本独创的概念。在 2001 年至 2003 年期间开展了下列活动,聚焦于创造的原点"人"和"梦想",从心态的角度提高技术部门的能力活动——Action Y,2005 年在东京汽车展发表的概念车"i-swing"(一款个人化的概念车),同年在爱知县举办的爱知世博会上展出的单人移动工具"i-unit"(一款个人化的概念车)等。这一切被定位为未来研究开发及打造企业价值的基础。

(2) 技术哲学——为明天而设计(Today for Tomorrow)与最小化和最大化(Zeronize & Maximize)

从 20 世纪 90 年代开始到 21 世纪初,地球环境问题和能源问题等作为全球规模的课题强烈要求生产制造企业作出回应。与此同时,随着丰田技术部规模的扩大,组织的细分化及复杂化也推进了,从而导致个人的工作范围也被细分化,"好汽车,好技术"的概念也变得难以共享。

在这种情况下,丰田宣布"将丰田技术部的每个人的创造性最大化地发挥,成为世界上最强的研发集团",为了实现该目标,丰田采取了各种各样的措施。其中的一环就是将商品技术开发的关键点明确化,并共享给技术部的成员,从而推动大家万众一心。

首先,世界可持续发展工商理事会(WBCSD:World Business Council for Sustainable Development)的目标是"可持续发展"和"可持续移动"(Sustainable Mobility),为了实现此目标,制定了丰田技术部的行动原则和构想是"为了客户和社会,应具有分析未来的先见性,考虑应该做什么,执行现在该做的事"。制定的口号是"为明天而设计"(Today for Tomorrow)。关于更加具体的未来目标的口号是"最小化和最大化"(Zeronize & Maximize)。

也就是说,随着环境负荷、交通事故等汽车所具有的负面因素的最小化,持续对这些负面因素发起终极挑战的同时,也追求着爽快的加速感和汽车的奔跑所带来的乐趣等积极要素的最大化,关于完全相反性质的两个目标,追求更高水准的相互并存。

（3）创造企业价值的 5 个方向观

从 2005 年开始,日本的企业进行了品牌的构建,丰田开始探索下一个时代丰田应具有的品德和品牌观。面向下一时代丰田的新企业观具有下面 5 个方向性——"素""静""动""转""和",同时将之定位为企业的核心价值观。这些方向性和"日本独创的 5 个起点"作为基础,构筑了"造物""造事""造人"的连锁和有效循环,树立了"创造企业价值"的新概念,开始在具体的产品开发过程中进行各种各样的尝试。

3. 雷克萨斯的尝试——嵌入传统美

丰田汽车把"全世界能够接受的日本独创设计就是 j-factor（日本要素）"作为设计的基本理念,高端品牌雷克萨斯的设计,进一步附加了"L-finesse"这一折中性关键词。"L"是"Leading edge,即尖锐"的意思,"finesse"是"人类的感性和技巧的精妙"的意思。L-finesse 是与热诚服务的心态相连接,"予"用来表示时间轴,"纯"用来表示明快的主张,都源自"妙"（由于面和线的变化所产生的品位和深度）。

为了去除制作过程中产生的灰尘,使漆器表面富有柔滑和光泽,小型两箱混合动力车 Lexus CT200h 采用了日本传统的涂装技法——水磨法,即涂漆、水磨、又涂漆。在匠人单纯反复的操作过程中,将漆器从简单的漆器升华到传统工艺品。将已经涂装的表面进行打磨、剥脱,这种重复的手法可以借鉴到文化编辑和思维上。

此时,涂装 6 层也是很重要的。由于喷射口很强的离心力导致涂料微粒子化,采用精细的手法将涂色不均匀控制在最低的程度。门的内侧和发动机室选用熟练的工人按其形状进行喷涂。喷涂结束之后,边喷水边用专用的设备和耐水研磨纸对其表面进行反复的研磨。眼睛看不出的细微的凹凸通过手工作业使其变得光滑,追求光泽达到极限。

另外,竹作为日本象征的素材和各种工艺品的材料,采用为室内设计的材料,也是"J-factor"具体化的表现。竹质定制板面是通过纵裂纹竹材的叠加实现了水平直线纹脉,色调也不是通过喷涂,而是尝试通过熏制手法来表现自然风格。熏制又是色泽的调配,这也称之为一种文化编辑。此外,大型乘用车雷克萨斯 GS 还提供竹制方向盘供消费者选择。

丰田的设计师比较重视"正统派的、以本质价值为基础的新价值观"供消费者感受,这是使用日本文化编辑的技法"组合"和"叠加",更加是嵌入了"错移"(参照阅读 4 - 2)。可以说,这是尊重日本的自然和素材,尝试获得和谐的美。背景使用山和树,而庭园使用石与砂,都是用来衬托自然美的文化操作手法。随着"错移"的案例和被定位的同时,利用减少水而强调水的存在感的"枯山水方式"是共同的。中型乘用车雷克萨斯 IS,仪表盘造型的设计采用了去除固定记录器的设计,这也是"错移"的表现方式。

但是,L-finesse 是抽象的理念,自从雷克萨斯的设计被认为"缺少高端车的元素",就导入了全车型共通设计图标方针,转换为强化品牌和形象的方针。自 2012 年发售 GS(第四代)开始,前格栅和下保险杠开口的部分采用了一体化的"锭子"。雷克萨斯 CT 200 h 的设计审查阶段未设定其终极目标,而是采用开发过程中以"不断成长"为目标的方式。设计部注重强调"终极目标在图纸上是绘不出来的"的表现形式。

另外,雷克萨斯车型的侧线条通常都是一条直线,而 CT 200 h 后面挡泥板的肩部却产生错位。关于这一点,丰田设计部的蓑德治是这么解释的:"错位不是目的,是为了呈现立体感,如果把错位进行对位连接,就会失去其独特的气势。所以维持错位的状态,立体和立体之间的移位酿造了雷克萨斯独特的微妙之处。"

这成为日本独创与世界价值观念相融合的关键点。"尊重双方规律的同时,活用其狭窄的有效空间表现造型、微妙变化及趣味性的设计"田名部武志阐述了其重要意义。去掉立体和立体之间的直线连接,如何关注其产生的空间,如何培养对其的感性认识,这是为了培养全球客户关注性而推动的文化交流必要性的课题。也就是说,在提倡创造性的同时,还要担心其逆向效果和难度。

4. 强化 TNGA 和 CE 的权限

2013 年 3 月 6 日,丰田在技术平台上发表了关于成立中长期产品战略策划部门——TNGA 企划部。4 月,丰田提出了"卓越汽车制造"的未来方向,新车制造要同时完成提高商品力的飞跃发展和成本降低的目标——Toyota New Global Architecture(以下简称 TNGA),并公布了其具体执行策略。

那就是,实现了汽车龙骨的改变,低顶棚化、低重心化的设计,炫酷的外观,确保良好的视野,提升驾驶动性等,实现了顾客感性的满足,并开发了下一代的平台车架,2015 年发售的新型车开始依次导入。首先是关于"行驶、转弯、停止"的基本部位(平台龙骨及传动组合)性能的升级,努力实现"卓越汽车制造"的目标。其次,作为汽车核心的动力传动系统,也本着低重心、高性能的目标进行新系统的开发,依次运用受到了好评。

TNGA 的开发过程,首先确定中长期产品的上线,决定车的整体系统及其配置,确定作为丰田基本框架的驱动定位(汽车制造的设计思维)。其次,在确定的基本框架的基础上,进行复数车型的同时开发,也就是团队开发,推动了零部件及组合系统的共通化发展,这也被认为是卓越汽车制造开发效率化推进的手段。

根据零部件和组合系统的不同会有差异,TNGA 的导入以提高20%~30%的开发效率为目标,其结果是将获得的资源进一步投入到"卓越汽车制造"之中。简而言之,所谓 TNGA 就是将供应商、采购部门(零部件及系统组合的采购部门)、生产技术部门(生产技术的担当部门)、技术部门(研究、开发担当部门)四部门结合起来的、四位一体的活动,尝试着实现更容易、更简洁的零部件及系统组合的构造。

根据这个,能够打造简洁紧凑的制造工序。并且精心地制造每一个零部件,确保高品质为目标。目前往往是以丰田专用规格为标准的零部件开发,今后要更多采用其他品牌汽车也在使用的全球通用标准零部件,对应全球标准规格。另外采购部门根据团队开发的零部件及系统组合实现共用化的对应,将多种车型的零部件在全球实施跨地域和时间的集中订货,进一步确保竞争力的推进。

前面论证的以"世界价值的日本独创"为基础的 TNGA 是最近才进入轨道实施的项目,对其成败的论述,还需要密切关注未来的开展状态。即使成本降低,产生戏剧性效果的"汇总量",如果一旦发生召回,其影响的扩大是非常严重的,同时为了修复,需要产生巨大的成本。

专栏2　关于设计品质、外在品质的状况

随着发达国家经济不稳定化和新兴国家急速成长的同时进行，近年来席卷汽车业界的竞争规则和平台也有巨大变动，呈现出为了生存而抗争的战国时期景象。能在这个战国时代胜出的关键在于提高商品的魅力。其中，能够左右顾客印象和感受的设计所起的作用极为重要。同时设计对品牌的维持提升发挥着关键性的影响力。顾客不仅仅关注价值的大小，还会综合判断包括品牌和形象及周围人对自己乘车时的印象，这些因素都会影响购买商品的过程。高品牌魅力的感受，可以让客户接受其高价格，排除价格角度来讲，品牌力的提升可以强化竞争力。同时，达成品牌强化和超值感受是赋予设计相关人员的巨大使命。

丰田对于竞争对手，尤其是在与历史悠久的欧美制造商竞争的时候，在油耗、动力性能、操纵的动态特性等方面，在某种程度上，可以用同样的评价标准进行比较。另一方面，造型、触感、材料和颜色等感性品质方面，评价标准由于评价者和环境的不同而存在差异。换句话说，品牌在其产生国家的价值观中可以竞争其创造性。只是，在竞争对手的平台上，只能遵从对方的价值观和成本核算方式的评价标准，不能实现客场对决。重点在于品牌塑造的原创性。在欧美人心目中，日本的独创性在于寄托于设计的表现，确立商品价值提升和品牌形象。

丰田将"J-factor"作为影响欧美人心态的日本的价值观，以审美意识为基础推动设计。相反要素在较高的次元得以升华，产生新价值观的思维。这绝不是和服、障子等所表现的表面的、浅显的日本文化，例如，即使未完全隔开也可以分割室内空间的日本建筑手法、设计隔间手段等欧美人也能理解的日本特有的感受。通过这样对于美

的价值观的表现,丰田把品牌形象的确立作为推动目标。

到目前为止,我们论述了感性品质和品牌价值等软方面的重要性,下面介绍一下价格竞争力的源泉,即创意设计成本和表面品质关联的一些具体的经历。

关于市场竞争,各汽车品牌持续挑战提升各自的商品竞争力和控制价格上升。总之,现在的状况是必须推动持久战。

特别是近年来汽车的室内感性品质竞争在逐步升级,在紧凑型汽车中软材料的扩大采用和金属基调、木纹基调内饰的设定,以及彩色液晶显示、缝线和精致缝制的座椅材料等高端汽车的手法的采用,使汽车行业迎来了过度竞争的时代。

雷曼金融危机以来,随着日元急剧升值,设计品质和外观品质受到巨大的影响。1 美元从相当于 110 日元一时间跌到了 70 日元的记录,一时超过了丰田年初设定的汇率约 30%。单纯计算来看,从日本出口到美国的售价 200 万日元的车,不提价到 260 万日元就会亏损。但是,当地竞争对手的厂商没有涨价的必要性,所以不可能简单地涨价。结果,除了在肩负巨大的成本差距下进行开发,丰田无任何其他选择。

汇率差额的 60 万日元远远超过成本控制的水平。当然汽车的室内感性品质的竞争趋势也要同时对应。在设计成本企划中(设计的预算分配及其效果的应用),现场陷入了严峻的挑战和激烈的议论之中。

通过配合降低成本的努力,重新审视车辆整体成本企划的成本分配,为了确保竞争力和品质,就要努力维持和提升车辆的外观、触感及文化融合性。相关部门反复议论,如果将成本降低的思维传递给顾客,就会降低商品的价值。各设计和评价部门都主张各自的想法。为了解决问题,需要明确议论的优先顺序。在各自意见处于平行线、未达成统一的情况下,由主任工程师按照自己的想法确定项目的优先顺序,有时还会出现忍痛放弃项目的情况,此时需要针对整体做出最适合的判断。另一方面,新的理念、材质、色调、表面处理的努力也很重要。关于品牌创新的重要性在专栏的开头也提到过,但是新的价值观不具备比较的对象。在不同的地区,成本平台上的斗争也是有可能的。雷克萨斯采用竹子的复合材料用于转向装置及车内装饰零部件等,可以说是提供了无参照性的崭新价值。近年在日本国内市场,采用个性定制来改变车体颜色的客户在逐年增加(特别是女性)。所以说创造附加价值是非常重要的。

虽然处在严峻的竞争时代,但是我们依然能看到设计进化的萌芽,同时也是成本企划的妙趣之一。在今天这样变化激烈的时代,新的波动、竞争规则和环境的变化起伏较大,因此对应方式反复变化也容易发生。如果形成了恶性循环,企业的竞争力,也就是商品的魅力就会下降,甚至有可能被这个大竞争时代所淘汰。

为了避免恶性循环,发展趋势的信息收集变得非常重要。此外,先行开发也变成重要的对策。如果具有充实的先行开发条件,在技术和方法等方面得到充分的准备,那么面对市场的变化就能够实现快速对应,从恶性循环中保护自身。这也是验证"进攻是最好的防守"的一个例子。

尽管如此,为先行开发投入充分的资源,也会伴随着很多困难。所以各个汽车厂商常常利用少量的人数在各个方面下功夫。

2013年以后,安倍晋三政府采取了大规模金融缓和政策,日元贬值迎来了缓和局面。在2014年的第二次金融缓和政策的实施下,日元回到了雷曼危机冲击前的汇率水平,大规模金融缓和政策的频繁调整是很困难的,所以必须时刻为了规避汇率变动所带来的风险做好准备。世界经济变得越发错综复杂,相互生存的依赖度也流动性的加深。此外,地域性风险也相互牵连,一个契机就会对世界经济和汇率造成很大的影响。另一方面,由于北美的页岩油和气带来了石油革命，低成本的开采带来了能源价格的缓和，同时 CO_2 排放的降低、安全对策等刻不容缓的课题也在增加，面向技术开发的研究开发投资也必须持续下去。因此针对各国的顾客来说，为了持续提供性价比高的商品，持续的努力改善是一刻都不能停止的。

当然，作为日元升值的对策，推动当地产当地销就不受汇率的变动影响，或者是把生产据点转移至人工成本低廉的海外进行，也是有效的企业防卫手段之一。但是，需要保护和传承至今为止一直作为日本强项的优秀的国内供应链和制造技术，也是同等的重要。这和维持国际竞争力是同等道理，维持一定规模的国内生产是很有必要的。这也正是防止产业空洞化而要坚持的地方。

此外，前面所论述的日本的特性以及品牌价值维持观点也不能忘记。汽车的商品竞争力不仅仅在于动力性能，还体现在环境、外观、IT 和多元化等变得更加复杂的因素上。因此，相对应的成本企划的参数也变得广泛化和复杂化，我们需要刻不容缓地坚持从每天的开发项目和先行开发中得到专业技术积累，我坚信这一定会对日本的产业生存起到关键性作用。

阅读 2　源于理论和感性的混合动力车的设计开发

1. 序言

　　所谓工业设计，是指为了消费者而用心地去制造每一个商品。所有的工业产品经过设计的过程，最终变成良好的日常用品，为更多的人提供合理价格的产品。平时使用的餐具、家具、照明器材、家用电器、住宅等，还有自行车、摩托车、汽车、客车、货车、电车、游艇等交通工具，涉及行业广泛，还包括商品的企划、造型、染色、制造等各种各样的行业内容。因此，对能力的需求当然也非常广泛。需要有追求理想的想象力；发现现状课题的能力；不妥协于机能、造型和成本之间的"二律背反"的复杂因素，能够找出新答案及其解决问题的能力；把握趋势及新商品的企划能力；便于消费者使用，便于生产者制造，便于购买的价格等作为理念推动立项，将其纵向立体统筹的能力；具备各种各样素材或丰富的色调的组合构成知识体系以及色彩构造能力等。设计所追求的目标是巧妙地操控理论和感性，制作出消费者真正需要的产品，并能够对新生活进行提案。

　　从战后废墟中走出来的日本制造，在价格、性能、品质等方面达到世界领先地位，经历了很长的一段路。但是在重视附加价值的时代中，现在开始才是打造真正被尊重的制造来引领世界。我们要从单纯的颜色、形状、性能的设计转换到综合商品开发创造新价值观的产品制造。日本的汽车产业也在推动 QDR，即高品质（Quality）、耐久性（Durability）、信赖性（Reliability）为价值观的商品价格的提供，从早期开始将设计导入商品开发过程之中，以争夺世界市场的首位为奋斗目标。

　　日本产业界提出具体的设计战略的言论最早可以追溯到 1951 年，当时松下电器社长（也就是现在的 Panasonic）松下幸之助在美国访问回国后，发言中提到了"未来是设计"的概念，成为当时的先驱理念。此后,1957 年创立了好设计(Good design)商品选定制度(通称 G - Mark),第二年,在通商产业省(现经济产业省,相当于商务部)内设置了设计课。1969 年,为了适应国际竞争,成立了以技术为核心的"财团法人日本产业设计振兴会"。此后,世界设计会议陆续在京都等地举行,以 1989 年的名古屋设计世博会为契机,名古屋市打出"设计都市宣言"等,官方和民间力量联手助力于振兴设计。但是,当初的设计还是狭义的概念,仅仅停留在外观和装饰等表面视觉感受上。

近年,设计被定义为广义的存在,从企业战略到设计的发掘,生产制造的管理、组织、制度、工艺等的综合想法成为主流。

在考虑设计的基础上,将未来应用思维的提案开发作为重要的行为手段。不仅限于设计,提案是把握现状、发现问题、解决问题等伦理的逻辑思维能力,以及建立假设目标和设想应该具有的姿态的感性发挥能力,并根据双方的平衡来决定。哪里是理论,哪里是感性,没有很清晰的界线,需要不断地反复思考。据大脑生理学者所说,感性的要素是在右脑进行处理,论理的要素是通过左脑进行考察。如果这种说法正确,那么设计者的右脑和左脑的平衡性必须是非常发达的。

2. 所谓设计就是"恕"

设计是什么? 回答这个问题非常困难。设计一词根据使用场所具有广泛的内涵。在拉丁语中,"de+signum = 下+盖印",即印上记号,再进行描绘、设计,另外还有"用记号表示计划"的意思,即 designare 一词的语源,或者 De sign 一词的(指示、引导、签名)法语语源的解释方式。设计是近代产业社会的产物。为了各种各样生活物品的制作,不仅仅需要原材料、结构和功能,还要考虑美观和整体的协调性,整合为一种形态或形式的综合计划,称之为设计。近年来,我们的生活质量(QOL: quality of life)在提高,产业活动注入了新的活力,带动社会全体走向更加健全的方向,这些被定义为制造业的行为(日本产业设计振兴会),同时也成为 Good design(好设计)的审查标准。如此这般的设计随着时代的发展而变迁,根据论者立场的不同,解释方式也发生变化。

笔者最近每每被问到"设计究竟是什么"的时候,都会回答"设计为'恕'"。孔子的弟子问孔子,作为凡夫俗子和人们一起生活时最重要的是什么? 孔子回答说是"恕"。自己不喜欢的事情,不要施与他人,即使自己被施与,也要心存宽恕的心态去生存,孔子就是如此回复的。我们认为设计也应具有同样的思维。设计是为了实现人性的重要行为。其具体化体现在工学、美学、社会学、物理学、自然科学等,要求广泛教养的同时,必须具有担保社会性的知识和关怀这两方面的融合。发掘人们的潜在欲望,为了消费者生活的便利及快乐,关心使用者的感受,在提供工具和道具的职业中,像设计这样要求这么广泛的还是很少见的。

3. 设计管理

汽车的设计工作,团队合作是非常重要的。将个人所具有的能力最大限度地发挥的同时发挥组织力的作用,在有限的时间内得出最佳答案。如果没有设计管理的思维方式,就很难实现。

(1) 为了达到经营目标

设计管理是为了达到经营目标,有效地利用经营资源,改善过程,从而达到实现目标的目的。企业经营的目标可以简单地表现为"实现人性和确保社会性"。利益说到底是社会活动的结果而不是目标。经常可以看到,企业高层因为企业丑闻而出面深深鞠躬道歉的情景,出现这样的事情一定是无视企业规范、一味地追求利润所导致的结果。如果实现人性化并确保社会性,作为回报利益会自然得到还原,并且社会问题也不会发生。当然企业活动并不是慈善事业。

尽管如此,为了每个人和社会的满足和美好去彻底实施制造和做每件事,制造商一定会制造出更多的满足客户的商品。只有如此,企业和消费者才能达到共赢,实现持续的发展。

（2）有效利用经营资源

下面考虑一下什么是经营资源。一般分为人（技能）、物（时间、空间）、资金、信息、信用（品牌）等。但是,信用（品牌）的属性和其他还有一定的区别。人、物、资金、信息是积蓄于企业内部,而信用（品牌）却积蓄在消费者的心中,并且取得顾客的信任是需要花费很长时间的。例如,"那家公司的产品任何时候都能满足我的期待。""那家公司能提供我想要的东西。""我使用了那家公司的产品,感到很自豪。"企业所提供的商品每次都可以准确地满足消费者的需求、逐渐地增加了信赖感,才能构筑品牌。相反,信用的失去和崩盘也只是一瞬之间。违反法令法规、未纠正错误、对应出现错误等,苦心经营的品牌瞬间崩溃。上面所列举的经营资源的活用是设计管理的重要注意事项之一（见图 2－10）。

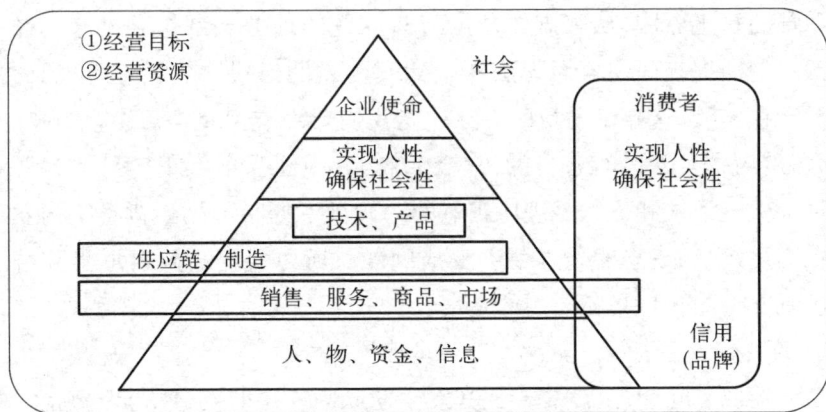

图 2－10　经营目标和经营资源

（出处）作者作成

（3）重视过程，追求结果

接下来让我们来看看过程。为了解决问题经常使用的方法是Plan（计划）、Do（执行）、Check（确认）、Action（处理）。

① Plan

如果出发点弄错，一切就都前功尽弃。首先，实施现状分析时不要陷入理论概念里，应该从各种角度客观真实地把握现在发生的事情。经常有这样失败的例子，虽然可以建立假设，但一旦达到自主观意识的时候，就不再做进一步深入的调查。片面的调查，只调查自认为适合的地方，调查结果如愿所想即安心，如此止步不前，绝不会有新的发现。

调查的结果即使很模糊，只要能够发现一些事情，就是有收获的。在这个意义上，必须注意的是所谓"精英团队"，即使出发点错了，但是为了错误的观点寻找正确的理由，为此产生判断错觉。所以出发点计划要从各个角度思维，必须慎重地设定。

② 发现问题

从所见的现象中去探讨事情发生的原因。反复多次追问，发现隐藏的真正原因，从客观的角度将有问题的地方全部记录下来。经常只是捕捉表面现象而无法深入到真因之处，只是完成一般论的分析导致失败，这样是不行的。在这里我们要养成反复实施"5个为什么"的习惯。产品有各自的传统和结构。因此当事人很容易认为各种各样的条件和现状是理所当然的。一旦市场和产品的背景结构发生变化，现状成立的条件就会变成问题。所以我们需要对世界和身边所发生的一切具备质疑的觉悟。

③ 设定目标

发现了问题点，就要探究其发生的原因。同时要分析，理想状态是什么，实施的具体目标，实施的理由，确定是团队的目标还是公司的目标，并将应该具有的状态尽量用简短的词汇描述出来。尽量用一句话,使用数字的目标具体的表示。接下来,是由谁,何时做完,做何事及怎么做? 要建立时间节点日程表。如果没有这一切,就谈不上目标设定了。在项目整体流程中,为了实现设定的目标,应该有效组合解决问题的先后顺序,才能顺畅地解决问题。没有节点目标的计划就不能称其为工作。所以必须明记何时、如何实现目标。大家可能认为这是使理所当然的事情,但是现实中没有明确设定情况较多。

④ 原因追究及对策立案

设定目标之后,明确理想状态和现实状态之间的差距。在这基础之上追求真正的原因,设立一个缩短理想状态和现实之间差距的假设。这就是对策方案。针对多种原因制定多种对策,从重要度高的对策依次实施。自己能做的事情,需要下属去完成的事情,委托上司完成的事情,需要和其他部门合作完成的事情等,问题越大越要充分发挥团队的力量去解决。在实际执行中也会存在很多障碍,越逼近问题的核心困难也会越大。不能超越职场的风土和习惯,做事也会遇到挫折。一些陷入负面漩涡的企业,抓不住转变契机的原因就在于此。负责人重要的管理能力在于能否得到更多人的共鸣,并带动更多的人去推动对策案的实施(见图 2 - 11)。

⑤ 成果发表及评价

实施的结果要进行评价,评价必须实现可视化。和预期结果完全一样的情况时用"◎",还算过得去的情况时用"○",虽然实施了但是结果不是很理想时用"△",完全没有达到预期的情况时用"×",需要如此明确的记录。再明示各自的原因,进行客观的评价。其结果达成与否,一定有其相应的原因。应该正确地从各种各样的角度进行分析和评价。

⑥ 修正及制止

关于没有按照计划推进的项目,再进行一次 Plan、Do、Check、

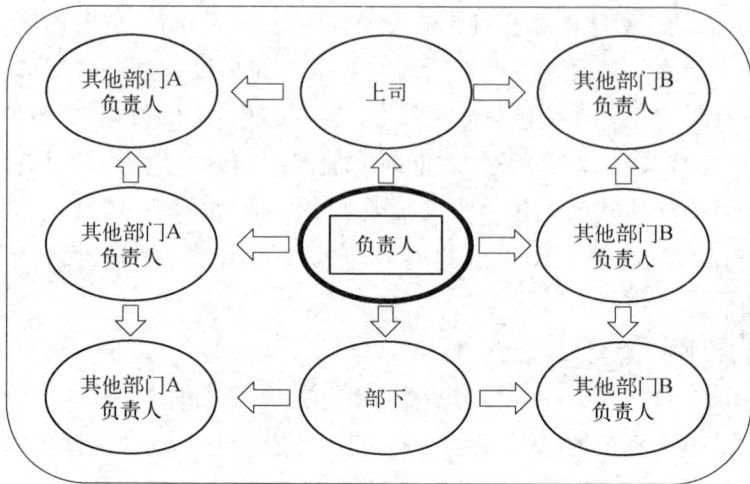

图 2 - 11   组织管理

（出处）作者作成

Action 的实施。为什么没有顺利推进，真正的问题在哪里，怎样才是一个理想的状态，需要找出差距，再进行解决和评价。如此多次重复，减少问题点。虽然这是没有终点的工作，但在反复循环当中会出现成果的。与此同时，那些没有作为直接对象的项目中所发现的问题、残留问题、未来可能发生的问题等，应尽数找出。

以上的过程虽然是针对一般问题的解决方法，但是对于设计工作来说也是完全一样的。可以说设计作业就等于问题解决。如果能够理解掌握这样的手法，就可以应对各种各样的场合。

4. 创意构思的行为

（1）假设设定能力

在现实中进行不顺利部分的正常化之后，需要考虑如何提出新的建议。面向新的状态，需要鉴别如何实现目标。经常有这样的说法，但是对于经验少的人来说不知道应做什么，更不知道如何做。在什么都没有的地方是绝对不会产生新的构思。所以平时就应具有问题意识,比如说这种地方有问题,为什么要做这样的事等,经常训练违和感是非常重要的。无论事情大小,对日常的事情常常抱有疑问,能够辨别事物,渐渐地就能发现一些大的问题。并且,如果发现问题,联想应有的状态并进行反复的训练,自然就会浮现"或许应该是这种状态吧"的理想状态,逐渐能够建立假设,也不会有抵抗。

那么,资深的设计师们是在怎样的过程当中设定假定,并引导出理想的答案的呢?我们来介绍一下。

(2)理论+感性

① 2W1H+3W1H

在建立假设的时候,资深设计师的头脑中,无条件地使用 5W1H 对待问题。最近加入 How much 形成了 5W2H。没有成本意识,就不会创造出好产品。随着经验的积累,即使不刻意地去思维,也能在一定程度上保持成本意识形态以及在表面问题处理方面进行提案。但是,在年轻的设计者当中,也有一些人从开始就被成本意识所束缚,就很难产生好的创意。为了创造一个独特的创意和成本意识并存的理想构思,让资深设计师和年轻设计师搭档进行创意开发,对于管理也是具有一定的挑战。一般来讲是以 5W2H 为基础,但是为了更简明地整理,开始我会先考虑 What、Why、How,即 2W1H,在制作这些内容的时候再考虑 When、Where、Who、How much,即 3W1H,如此明确分为两个阶段。最初的 2W1H,明确记入命题 What 和理由的 Why,以及如何实现的 How,尽量用简短的语言来阐述。这是创意构思的出发点(见图 2-12)。

不仅仅局限于设计,无论做什么事情,没有主题目标就无法行动。做什么?为什么要做?没有一个清晰的理由,是无法开展行动的。如果一个人在实施的时候,只是茫然地行动,也许不会发生任何问题,即使发生了也属于个人问题范畴,但如果是团队行动就要另当

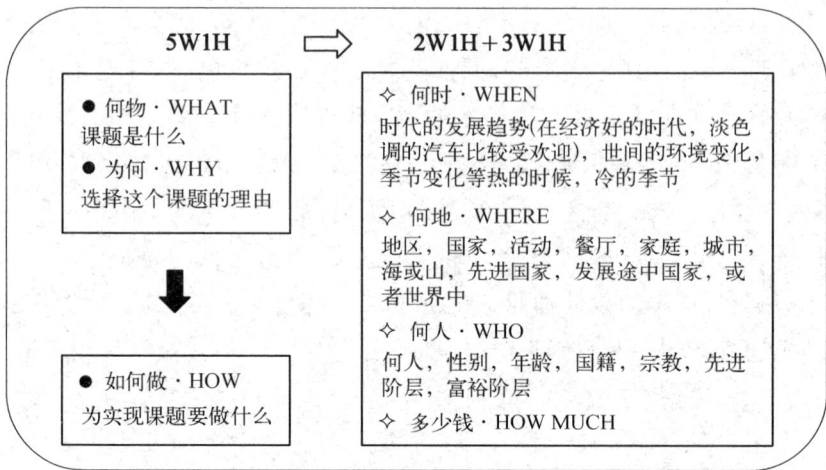

图 2 - 12　理论+感性

(出处)作者作成

别论。大家的目标不一致的话就会出现问题。经常用船的航行来列举说明,主题不明确就不能确定目标。船头上指挥的人太多,各抒己见就会迷失前进的方向,这和"人多砌倒墙"是一个道理。为此就必须要明确表示 WHAT 和 WHY。然后,重要的是如何(HOW)实施。如果搞错了这些逻辑,即使简单的事情也很难实施。在实施阶段的瓶颈是指在不同的现场实施完全不同方法的现象,如果不能理解这些就很难解决问题。粗枝大叶地进行现状调查只能得到一般性的结论和答案,给出的也只是概念性的实施内容。所以不接触现场特有的实质性问题,就不会得出新的解决方案。

②　背景

理由明确了,其次需要明示背景。背景与实施的必要理由有着密切的关系,现在做的事情当时来看很好,直到目前为止也很好,但是不保证未来也一定会很好。现在如果调查世间所发生的事情,就会发现很多不应该做的事情。这就是背景调查的关键所在。背景的内容有很多,从社会角度去看可分为政治背景、经济背景、文化背景等。最简单的,我们以汇率的变动为例,来了解背景。日元的不断升值使依赖出口的公司不得不把制造转移到海外,同时还要把材料换成更便宜的材料来实现利润,防止经营赤字。使用便宜的材料、调整制造方法、提高售价并改变表面价值的做法,一定会输给海外的竞争对手。此外,材料的改变也会影响其固有的形状和色泽。设计者的强项就在于对每一个零部件的细微部分都会一边追求成本,一边完成设计,这绝对不是一件轻松的工作。同时,竞争公司的现状也会成为重要的背景材料,当然,自身的情况也是重要的要素之一。无论是直接的还是间接的因素,尽可能大量地列举出来是很重要的。

③ 历史的变迁

第三重要的就是历史性的变迁。最低也需要追溯到 100 年前的事实进行确认。那个商品是如何诞生的? 经历了怎样的变革形成了今天这个样子? 另外,其变迁受到了什么样的影响? 有没有技术性的变化? 是不是由于采用了新的材料所引起的? 同时有必要关注商品生产的基础设施。通过对历史变迁的调查,可以了解到其变化的历史过程,就可以预测需要采取的措施。我们经常会提到在时装界里追求裙子的长度和领带的宽度的变化,这些具有周期性持续变化的事物,让我们非常简单地了解接下来应该采取什么样的措施。人类有惊叹、习惯、厌倦等习性,无论是多么贤明的人,都改变不了这些事实。人和人又不一样,即这种习性周期的长短也不一样。有厌倦非常快的人,也有永不厌倦的人。其他工业产品中具有周期性变化的东西也有很多。在这里就不一一列举,不过不要忘记"过去是真实,而未来是无限大"的事实。

④ 行业

同时调查一些完全没有关系的商品,说不定会发现一些新的征兆和倾向。比如,制造的思维方式、销售系统、流行趋势的想法等,也许有的行业需要先行制作和推动流行趋势。刚才也说了,时装行业的流行趋势是先行于工业产品数年之前的。另外,家电行业的产品更新周期也短到只有半年左右。这些都是非常值得参考的行业。在家电行业,一部分海外吸尘器制造厂掀起了生产革新的活动。比如注塑成形的案例,在汽车行业里试制车用的注塑零件如果有流油痕迹的残留,就不可能被接受,但是家电行业却将计就计把它作为设计要素,而且还将其设定为高级品。这也许是一个极端的案例,在其他行业中也有可能潜藏着新的启示。不要错过这种机会,探寻其有效的机能所在是很有价值的。消费者的心态也有变化的可能性。我们经常可以听到生产制造商的意见,我们提供这么好的产品为什么不畅销,消费者在考虑什么呢,等等。这完全是错误的判断,制造商只是提供自认为的高科技产品,但这不是消费者所需求的,同时制造商也没有认识到这一点。变换行业,也许会从另一个角度看出同样的问题。

⑤ 应有状态的切入点

世间的常识会随着时间的变化而改变。现在也许是正确常识,过不久就会变成保守,很快就落后于时代的发展。所以一定要关注时代的发展,判断流行趋势。"追求卓越,但要让人接受(Most advanced yet acceptable)",学过设计的人对这句话应该不陌生,这是雷蒙德·洛威(Raymond Loewy)的名言。虽然要追求先进性,但是必须在人们对先进性理解的范围内去表现。这是一句正中要害的话。所谓的推进方向,是从理论上收集的各种各样的信息中判断,通过经验的过滤,再设立感性的假设,最后决定切入点。无论形状和颜色多么好,使用起来多么方便,一旦售价过高,消费者就不会购买。适当的价格设定,如果不理解世间的常识就容易犯错误。我们经常听到"制作了这么好的东西却卖不出去"这样的话,简单的分析就是因为不懂得世间的常识,并不是消费者没有品位,或者说商品太过超前,只是因为理论和感性没有有机结合而造成的结果(见图 2 - 13)。

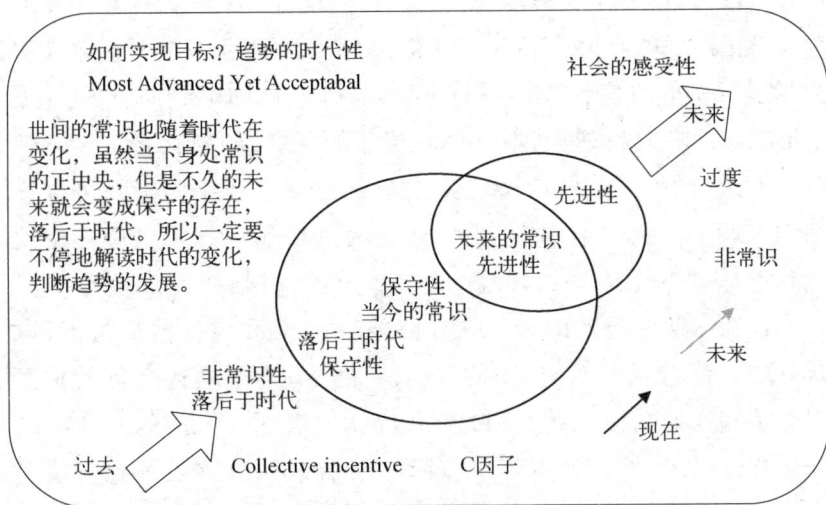

图 2 - 13 假定前提设定力

(出处)作者作成

5. 造型创意开发

(1) 造型构思方法

形状构思最重要的基础是大自然。通过对自然的详细观察,形成立体思维能力,这对于设计者来说是非常重要的。形态是由各种各样的条件引导,将造型要素形态化之后完成其形状。使造型要素变成形态的方法很多,主要有造型根源活用构思法、利用奥斯本式检查表形成的立体结构创意变动构思法和立体边角造型法(岩田法),下面将针对这三个方法进行介绍。

① 造型根源活用构思法(基本立体+品位=形态)

平时就需要储备基本立体型体。培养对美好事物的兴趣和感受性,如果遇见了引人注目的造型,就要分析其特征并进行储备积累。

形态由基本立体和品位形成。基本立体的代表是纯粹几何形态和应用几何形态,前者主要表现为球、立方体、圆柱、圆锥等,后者主要表现在纺锤形(橄榄球)、雨滴形、簸箕、象棋的棋子等,这是世间绝大多数"物体"构成的基本要素。这些基本立体再加上印象、品位,就完成了形态。比喻成料理,基本立体相当于原材料,印象就相当于调味料。无论缺少哪一个,都不能完成最佳形态。专业的厨师可以凭感觉来调整盐和胡椒的量,当设计师听到产品理念时也应自然地做到选择基本立体添加印象,调节品位的量,最终完成造型的设计。代表形象有雅致的、魁伟的、苗条的、敏锐的、冷酷的、性感的、跃动的、有节奏的、软的、硬的等等。品位是表现时代变化的重要因素。同样的立体结构,仅改变品位就能表现一个新的时代的特征。相反,无论如何改变形状,品位相同的话,就感受不到时代的变化。

② 奥斯本式检查表形成的立体结构创意变动构思法

有效的利用奥斯本式检查表可以提高开发创新的效率。例如,长宽、大小、厚薄等变化能够给人完全不同的印象。另外,考虑几何形态的同时,尝试将储备的基本立体和造型根源等进行重新组合。自然界存在的立体结构是这些基本形态的复合体。使用金属还是塑料材质,采用冲压成型、注入成型,还是真空成型的方法,尝试改变其材质和加工法,有时会得到至今为止没有的形态。在这基础之上,进行电镀、喷涂、抛光、压纹、发黑等表面处理和改变质感,都是具有代表性的方法。

③ 立体边角造型法(岩田法)

立体的边角处理也是非常重要的要素。顾客把商品拿到手的时候,是具有愉悦的感受,还是感觉不到魅力所在,作为消费者没有必要知晓造型关键所在。对于设计者而言,无论设计任何造型,都与消费者没有任何关系,只要使消费者感到满足就可以了。但是生产制造方却不是这样的。无心的造型会形成无法理解的立体结构。立体边角造型法是防止这样的事情发生，是一种非常容易理解的方法。以下的三个就是立体边角造型法。

像战车的履带一样从上至下履带相互链接的造型处理，这个称之为坦克，水平方向将面链接到一起的立体造型称之为船。另外，正面表现断面的造型称之为陶管（见图2－14）。

我们在制作立体造型的时候，只需利用以上三种边角方式的组合即可完成。如果说还有另外一种的话，就

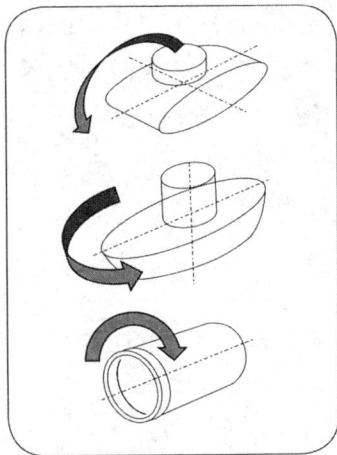

图2－14　坦克、船、陶管
（出处）作者作成

是边角的三面对等且互相之间未链接的立体型体。商品的制作，边角的处理决定了立体的性格，表现商品理念的重要方向，所以设计者必须充分考虑之后再进行造型设计。近代建筑三大巨匠之一的密斯·凡·德·罗（Mies Van der Rohe）说过"简饰，少即为多（Less is more）""上帝在细节里（God is in the details）"，提倡省略多余，享受其形态，倡导具有个性的制造创作。

（2）构思模板的过程

我在前面简单地提到过，自然界是我们形态创作中最好的教科书。在日常生活中，我们要把自然的形态当作一个设计的形态，从中掌握自然状态，并将其记入在身体里。一旦需要的时候，不需要刻意去想象，而是以其为基础迅速形成新的模板。然后结合设计条件，瞬间给出答案。有时也会发生跟初期的理念和设计条件不吻合的情况。理所当然，各种各样的关键点都是基于过去的业绩和经验。一定要追求能够让未来世界认同的设计。即使符合于过去的条件，但

是发售的时候就不一定保证会得到认同,或者说可以理解为过时了。
不管有多么出色的理念,造型不自然,也成为不了一个好的设计,甚
至连理念都会被否定。反之,很好的造型也会形成新的理念。设计
所需要的各种条件能否正确符合发售时的需求,是决定模板好坏的
关键因素(见图 2 - 15)。

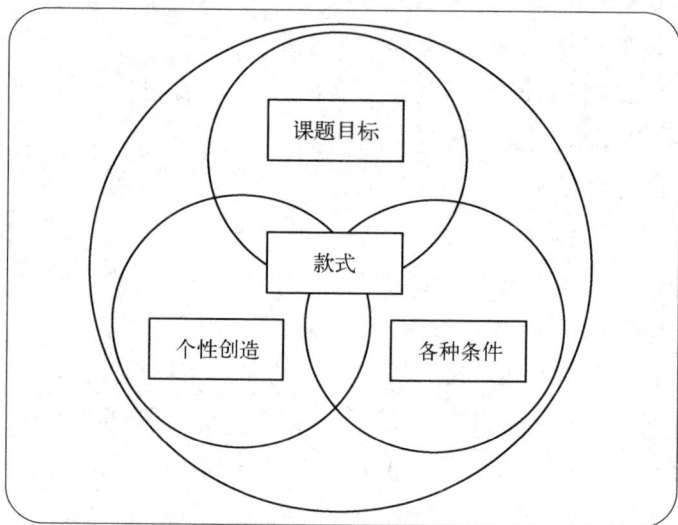

图 2 - 15　模板构思

(出处)作者作成

6. 结束语

　　明确表示理想状态和现实的差距,找出出现这种状态的问题点,
建立解决问题并可以实现理想状态的理念,同时探索最适合于自身
的形态,反复磨合使理论和感性保持平衡来实现目标。追求融合于
自然,实现"这不是那个人(公司)设计的吗"的原创性,让消费者在
购买我们的产品时能够发自内心地说出"这正是我想要的东西",这
就是我们所说的优良设计。

第三章

车辆设计
plan

一、设计的概要

设计工作是产品开发流程即"产品企划—外观设计—性能设计"中重要的一环,它使得企划、外观设计、目标性能具体化,是引发客户购买行为的活动,也就是汽车从产品演化为商品的过程。

这里我们所说的目标性能具体化有很多种含义,后面会讲到的基础四大性能当然包含其中,还包括体现品质的美观性能和持久性能,以及满足消费者五个感官,从而带来舒适感的感官性能。确保这些目标性能的实现,主要是通过 VI(Value Innovation,价值创新)和 RR - CI(Ryohin-Renka Cost Innovation,良品、廉价、成本、创新)活动来完成的,通过成本的设计使之达到成本目标。

通常我们要在企划、外观设计、性能、成本中寻求平衡。有时候前工序的企划、外观设计共同探讨修改协议,有时候后工序的评价部门和生产技术部一起磋商寻找最佳方案。最佳方案会根据产品的产量、制造环境、使用环境的变化而发生变化,这一点是非常重要的。以汽车的驾乘室的隔音材料为例,在欧美国家,由于人们说话时富含的高音波辅音比较多,所以在设计时,比起吸收低音的材质,更适合使用能够吸收高音的材料。而在日本市场却恰恰相反,吸收低音材料被广泛使用。这是一个很典型的案例。

通常,汽车设计开发分为两个大的类别,一个是以车体、底盘为主的车辆类,一个是以发动机、制动系统为主的总成类。本章在车辆类别的开发过程中,从汽车零部件组装最初的基本车框的设计开始,聚焦被称为"源头"的车体设计,并进行举例说明。

二、车辆研发技术的历史

1992 年,研发中心的导入成为丰田有史以来的一场大革命,之后丰田技术部所执行的所有体制、组织变革,以及开发技术的设立、使用等都被记载了下来。本章主要是把车体设计的相关记载实例进行介绍。

(1) 研发中心制导入期(1992 年 9 月,图 3 - 1)

- 以发挥各中心的独创性、机动性,构筑精简的开发体制为目标。
- 第 1~3 种中心化(FR · FF · RC)[①]

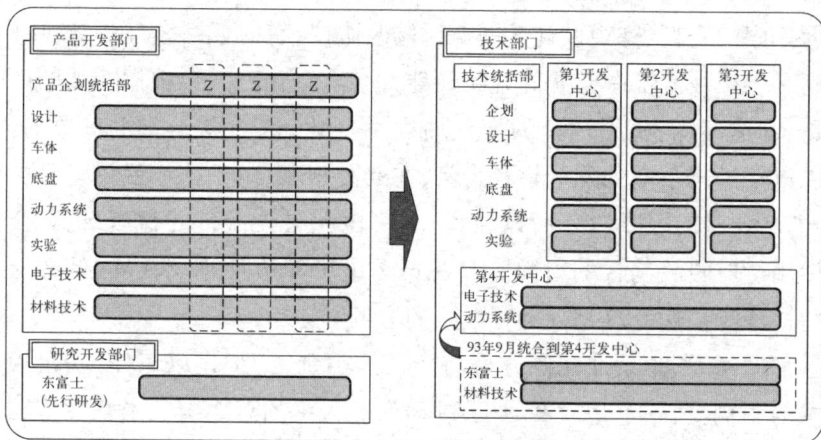

图 3 - 1　中心制的转移

[①]　编者注:乘用车系从发动机配置、驱动轮的关系向 Front Engine Front Drive(前置引擎,前轮驱动)、Front Engine Rear Drive(前置引擎,后轮驱动)二分化,特别是商用车、RV 系(Recreational Vehicle,即休闲车)作为 RC 向中心化转移。

研发中心划分为车辆和内装两个部分,必要的性能分配到不同的车型上,使得车型类别强化。主任工程师的想法很快得到反映,使得决议的速度加快,独特的车辆开发得以实现。另一方面,1995 年起,丰田各种活动开始实施"缩短外观设计确定之后的开发周期",也就是提倡缩短从外观设计到生产下线(L/O)的开发周期。

(2) AD(Advanced Development,预先试制)21(1997 年末)

- 根据变化规模缩短开发周期,使设计确定之后的周期短缩变为常态化。
- 提高准备工作的作业品质(减少设计内容的变更),有效利用开发经费。

根据底盘和整车的开发规模,设定与之相应的开发日程表。在以车体设计为主导的开发初期,设计确定之后到生产下线为止,实现了最短开发周期 12 个月。这主要得力于丰田贯彻了既存技术和既存产品的使用,以零修正为目标,提高图纸开始前的设计完成度。这种设计完成度的提高正是开发周期缩短的重要条件。

(3) BR - AD(Business Reform-Advanced Development,企业改革-预先试制)(2001 年 1 月,图 3-2)

- 把"构筑以 IT 为能源的新型汽车开发技术"作为目标,不光技术、生产技术、生产、采购、信息等部门,而是全公司都参与的活动。
- 这种新的开发技术可灵活应对市场变化,为实现零修正开发方案,实施流程改善。
- 丰田把常年积累的制造经验和知识等运用于设计板块,构筑"技术的书架"。

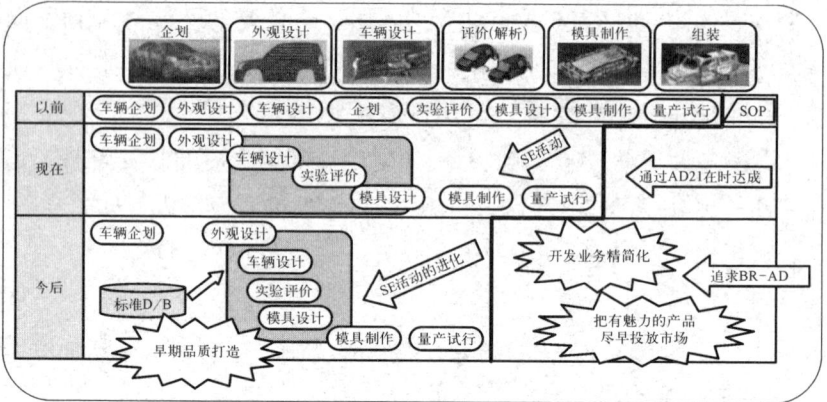

图 3-2 开发过程的进化

车体部门的开发手段 CAD(Computer Aided Design：指利用计算机及其图形设备帮助设计人员进行设计工作)经历过巨大的变革。首先被内制 CAD 即 CADETT(Computer aided design and engineering tool for Toyota，丰田计算机辅助设计和工程工具)、CADETT Ⅱ(丰田计算机辅助设计和工程工具 2 代)、统合 CAD 取代，特别是在欧美市场份额较高的地域导入了 CATIA(Computer graphics Aided Three dimensional Interactive Application，计算机图形辅助三维交互应用)(见图 3-3)。试制品和试制车辆完成前，通过 Virtual Reality(虚拟现实技术)和 CAE(Computer Aided Engineering，工程设计中的计算机辅助工程)的测评来确保必要性，与后工序生产准备的 CAM(computer Aided Manufacturing，计算机辅助制造)进行连接，使得开发品质提高，周期缩短。

中心制度导入 10 年后，丰田当时的会长奥田硕提出了这样的质疑："丰田是否会自满？丰田现在的状态难道就是以后的状态吗？"于是丰田把自己作为假想敌，并以此为课题，在全公司内部开始推行业务改善活动。这也是 BT2(突破丰田)的由来。

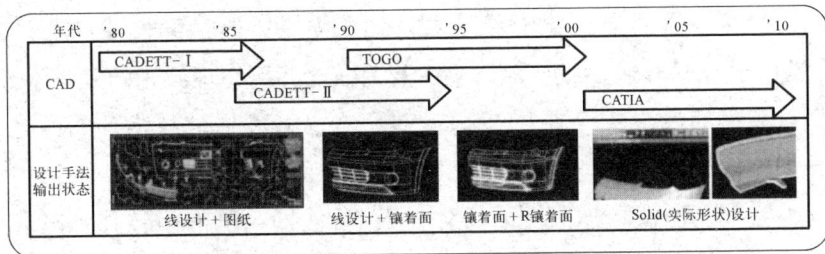

图 3 - 3　车体设计中 CAD 的演变

（4）BT2（Break Through TOYOTA, 突破丰田）（2003 年 6 月，图 3 - 4）

- 过去的研发中心作为产品开发总部, 主要追求市场创造性产品的研发。与此同时, 丰田设立车辆技术部门, 主要担当追求卓越性能的新 PF（platform, 平台）研发和先行开发的工作。
- 产品开发总部由车辆企划部、雷克萨斯中心、第 1/2 丰田中心构成, 主要以构建品牌为主。

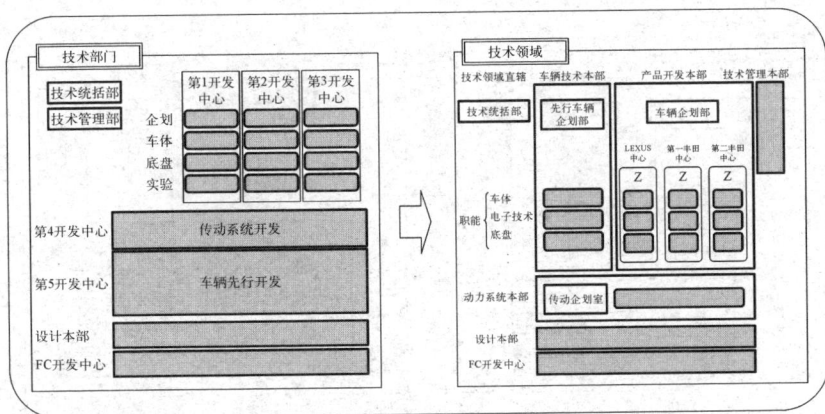

图 3 - 4　总部制的导入

　　虽然技术的集约化形成了"技术的书架",但是同样避免不了"黑箱子"的弊端。通过反省,丰田开始强化运用原理原则的工程学,使得车辆部门的基础实力增强。相反,产品开发中从技术部门的差异到先行产品开发间的协作需要经历一定的工时。2006年7月,把动力搭载、吸气、冷却系统的业务和人员,从发动机部门转移到车体部门进行管理,车辆的配置和搭载在车体部门通过可视化来追求更高的效率。通过开发效率化的推进,使得产量增加,不但贡献于企业发展,同时强化客户的 CF(Customer First,客户第一)活动。为了推动这项业务的发展,要通过 IT 和外部活动使得开发能力增强,同时也面临新人受教育机会减少的人才培育难题。为了确保人才的培养,丰田修正教育方针展开了 G120 活动。

　　(5) GI20 (Gijutsu Innovation(技术革新)2020)(2008 年 6 月,图 3 - 5)

　　● 要创造革新型的技术和产品,首先必须重新认识庞大的组织管理体制。

　　● 为充实基础实力,应使技术领域组织化。

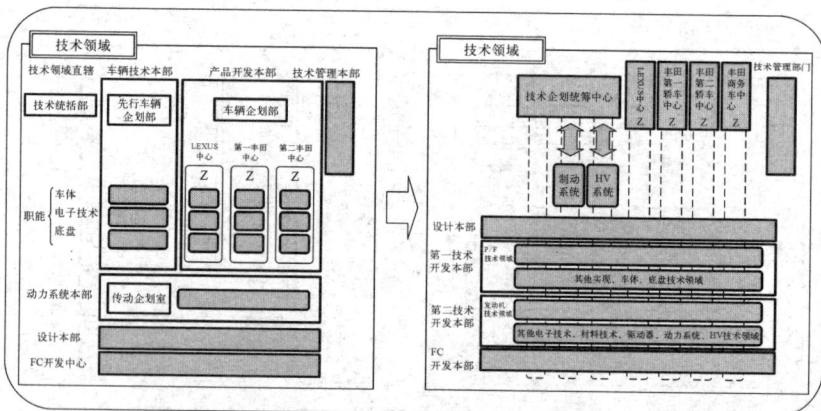

图 3 - 5　强化企划性能的基础,使技术领域组织化

各车体设计部门归属于车体部门,强化部门的一体感。基于2020年的企业愿景,使车体部门的意识达到了统一。另外,为确保设计者的创作时间,在Porte2代的开发过程中,首次先进行设计流程改善,提高设计完成度之后再开始图纸设计,减少了修改所花费的不必要时间。

过去,提高产品质量和降低成本被认为是两件相对立的事情,然而丰田却在两者之间找到平衡,从此开始积极探索彻底的变革之路。

（6）TNGA（Toyota New Global Architecture,丰田全新的全球架构体系）（2012年1月）

　　•为达成大幅度的产品质量提升和成本降低而构建的汽车制造方针,并导入车辆开发过程。
　　•事先进行零部件和单元件的共通化,同时结合新PF（platform,平台）开发使得新商品的开发效率提高,成本降低。

从"生产出更多好产品"这个理念出发,丰田在提高产品价值的外观和性能上,进行感性诉求,统一各要素,通过"灵巧的通用化"使得产品具体化。首先,利用低配置化、低重心化、基础件的动力共通化,根据H/P的四种高度统一驾驶环境,通过PF（平台）的应用推进FF（发动机前置前轮驱动）系新车开发。通过共通化促使作业时间和零件数量的减少,由此降低成本,更好地服务于全球客户和地域性不同需求,进而更好地提升产品价值。

三、主要的技术开发创意

说到汽车中的新技术,通过汽车的性能类别来看比较容易理解。在这些性能中最基础的有四大性能,首先我们谈谈安全性能。

（1）安全性能

① 撞击安全性能，撞击安全车架

比起遇到撞击能够有效地分散冲击力的底座骨架和牢固的车身骨架，丰田开发了一种可以使车身变形最小的安全冲击车体。1995年发售了当时丰田最小的一款车型 Starlet，其采用了撞击安全车体（GOA，Global Outstanding Assessment，是世界顶级水平的安全设计）。根据日本和欧洲的不同安全标准，丰田追求比既有标准更为严格的"世界顶级水平"的驾乘保护性能目标。

从第一代的 GOA 到大约不足 20 年后的今天，GOA 的内容也不断进化。2012/13 年 MY 美国 IIH52（Insurance Institute for Highway Safety，由美国保险业设立，旨在对汽车实施评估），根据类别评选出了安全级别最高的汽车（Top Safety Pick），丰田有 Toyota（丰田）、Lexus（雷克萨斯）、Scion（赛恩）等 16 款品牌车型入选，入选数也是在所有汽车厂商中排名第一。

此后，丰田更加追求抵御撞击的安全性能，无论前面、侧面、后面受到冲击，作为生存空间的驾乘室不能毁坏的，为此在加固驾乘室框架强度的同时，根据前端微弱撞击这种新的撞击可能性，丰田开发了新的车体结构。

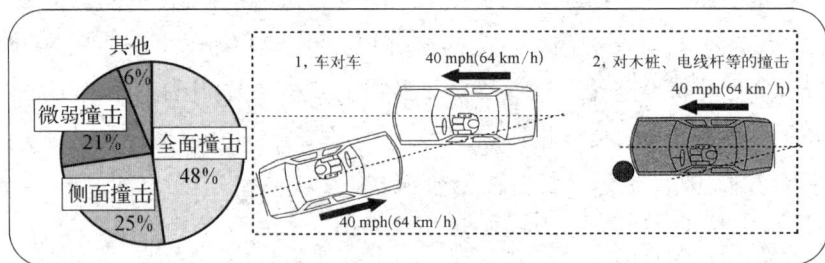

图 3-6　前部微弱撞击

② 行人保护性能，减轻行人伤害的车体

考虑到与行人撞击的情况，2003 年丰田威驰（Wish）采用了可以保护行人安全,使得伤害降低的车身结构。现在丰田在挡泥板、保险杠、挡板周边进行缓和,采用为行人考虑的安全车体构造。

③ 预防安全性能

为了夜间行走,丰田推进了车灯的技术开发,不但要提高视觉性能,同时考虑到能源环境等因素,以此来提高产品的创意性。2003年,丰田研发了 AFS(Adaptive Front-Lighting System,前大灯智能弯道辅助照明系统),在拐弯时可以根据汽车的行走方向调整照射角度,它最先使用在丰田 Harrier 车型中。丰田还开发了可以检测到先行车辆或对方车辆,自动进行遮光,即不影响前方车辆视觉判断,又能给驾驶人员带来接近远光等视觉的 ASH(Adaptive High-Beam System,智慧型远光灯自动遮蔽系统)系统。两种系统都同时降低了行人和车辆交通事故的发生概率。

其次,从给客户提供舒适驾乘感的观点出发,我们谈一下操作稳定性和 NV(Noise Vibration,噪声、振动)性能。

(2) 操作稳定性能

1984 年丰田打出"FUN TO DRIVE"(愉快驾驶)的宣传标语,旨在让驾驶者体验到驾驶的快乐与享受。同时,也追求刚性更强的车架。另外,与要求提高汽车安全撞击性能一样,丰田对理想的零部件配置、各骨架的断面形状、结合构造、板的厚度等进行 CAE(Computer Aided Engineering,工程设计中的计算机辅助工程)分析,研发出了能经得起实体车评价的高性能车体。2011 年末,又提出"FUN TO DRIVE, AGAIN"(再次愉快驾驶),预示着丰田要"更进一步地打造新车型的舒适驾乘环境"。

(3) NV 性能

1989 年,初代雷克萨斯 LS400(日本名 Celsior)实现了超一流的静音环境,通过"源流主义"对振动和噪声的发生源进行改善,一时引起世界关注。后来伴随着燃油费的上涨带来汽车轻量化和振动噪声性能的强化,丰田根据 CAE 进行整车分析。考虑到音响音质和 AI 显示的说话清晰度指标,进行防音材料的开发,轻型防音材料和防音玻璃被广泛运用。另一方面,从声音传播来进行骨架构造的调整和风切音的改善,在小型车上也开始使用。特别近几年,为提升"魅力",丰田通过吸排气进行声音的创造,并通过雷克萨斯的 LFA 和 GS 两款车型得以实现。

(4) 环境性能

谈到汽车的前景,环境是不可避免要面对的课题,为实现节能、低耗,必须采用动力源对策削减车身重量。在只有普通车辆重量一半的轻车领域,为使轻车车骨在撞击时车舱变形最小化,越来越多的车身部位开始采用高张力的钢板。丰田车最初采用的是 980 MPa 材料(如 2002 年的商务车 Caldina)和热压材料(如 2003 年普锐斯 Prius),此后也在扩大导入面,力求更高的材质张力。

四、设计工作中的品质保证活动

前一节谈到的设计业务中,品质保证是非常重要并且费时的一项工作。CF(Customer First,客户第一)活动用了更简单的语言来表达——"为了客户的笑容,丰田全员履行品质优先的思想活动",这也是丰田的企业方针。下面介绍现在车体设计中的品质保证活动,全体流程为:① 分析事故原因并找到对应措施,即 EDER;② 防止事故再次发生;③ 通过经验,在开发过程思考如何不让问题再度发生,丰田一直实施这种循环式的业务改善流程。

(1) EDER (Early Detection & Early Resolution,早期发现和早期解决)

EDER 是指重视客户反馈,真诚回应客户需求(见图 3-8)。首先,市场环境变幻万千、顾客使用方式多种多样,丰田要在开发阶段就去把控和设计。也就是说丰田对品质的思维是"在开发阶段创造品质"。丰田在全公司推行 EDER(早期发现和早期解决),客户推进

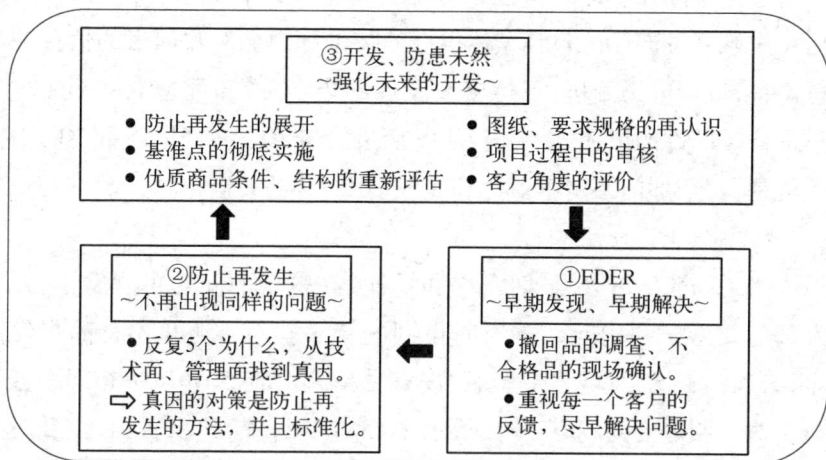

图 3-7　车体领域的品质保证活动

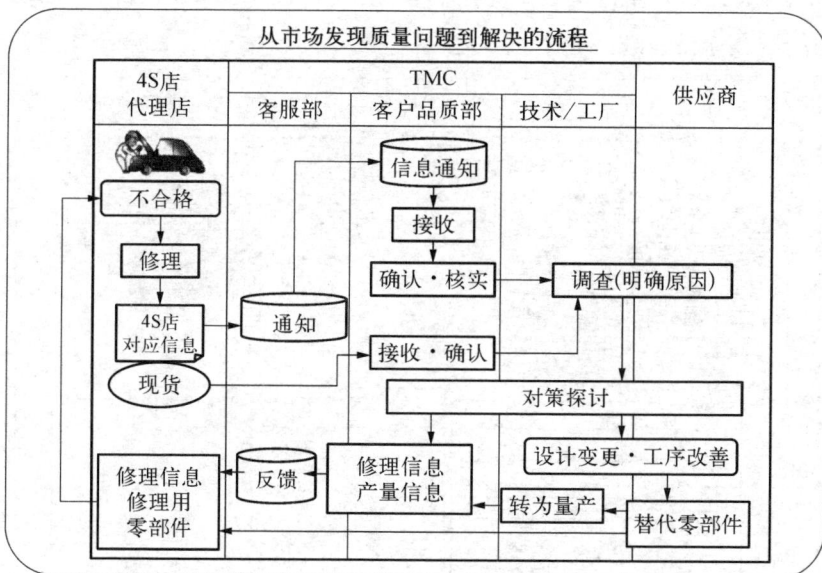

图 3-8　EDER 的组织结构

部门会把客户在店铺或其他地方的交易信息进行收集,分门别类之后发送给开发部门。包含车体设计的技术部门会对收回来的信息进行调查,进行现场分析,下达修改设计的指示,通知现场维修部门尽早进行零部件的更换,必要时在4S店进行维修。在这里最重要的一点就是,每个部门都定下目标和完成期限,尽早实施。

（2）防止再发生

为了防止EDER(早期发现和早期解决)中的问题再度发生,开发部门要善于利用问题解决时得到的智慧。为了防止不良品再发生,必须从技术角度(没有智慧,没有良品等)和管理角度进行问题分析。对于明确的问题点,丰田继承了"5个为什么,追求真因,找到对策"的问题解决手段。

把找到真因的对策进行"防止再发生的手段,方法等"(见图3-9)标准化,并且在量产的车辆中进行横向展开,把必要的改善措施也运用于未来产品开发中。

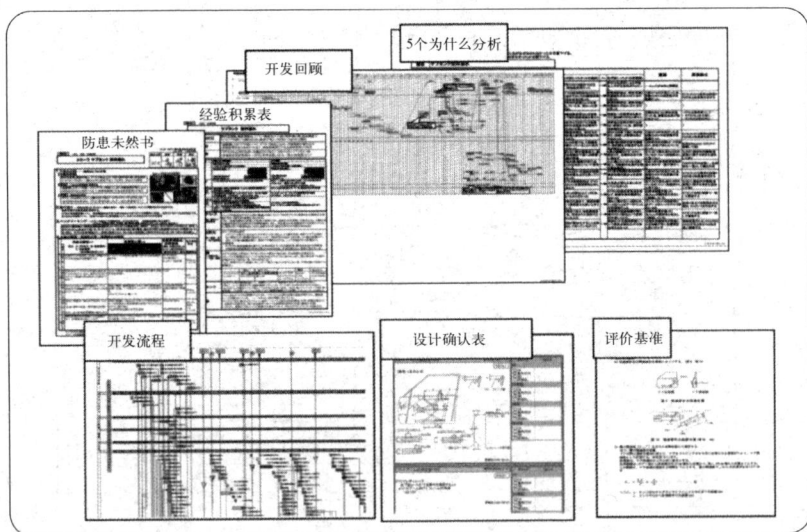

图3-9　防止再发生的手段、方法

（3）防患未然

为防止在未来车型开发中出现同样的问题,车体设计部门在开发流程中设置关卡,进行必要的确认,也就是在防患未然活动中实施流程管理(见图3-10)。

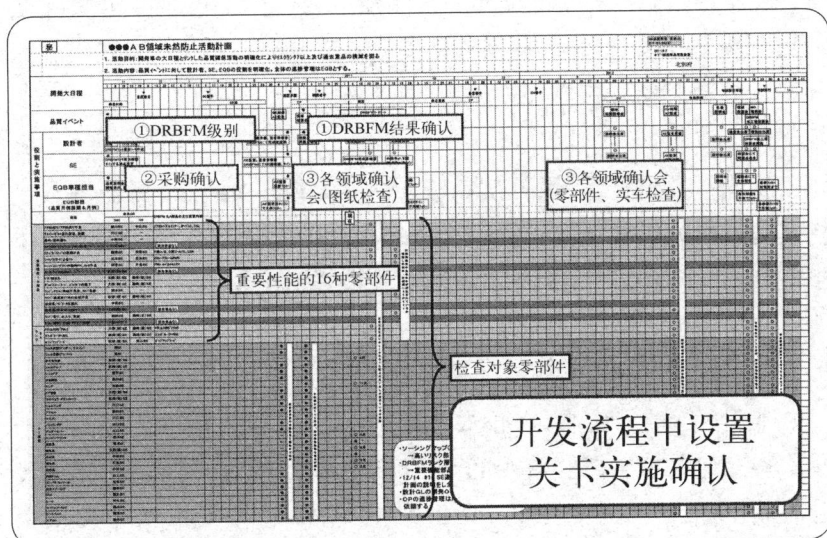

图3-10　开发车辆的防患未然活动

（4）DRBFM①

车辆项目的企划阶段,是明确应采用怎样的新产品、新构造,决定系统和零部件进行多大程度变更的阶段。这些是从品质角度分层实施。

重要的开发项目,通过 DRBFM 方法来预测变化点会带来哪些应注意的问题。然后全员一起探讨应如何从设计、测评、制造的角度进

---

① 编者注:DRBFM(Design Review Based on Failure Mode)指着眼于设计变化点的FMEA(Failure Mode and Effect Analysis,失效模式和影响分析)解析,根据设计的变化点可能造成的影响(不合格品现象),通过设计审议对每一项彻底调查,其目的是对设计业务进行跟踪反馈,找到防止再发生的对策。

行应对,以防止问题再度发生。

（5）采购

供应商的技术力在很大程度上决定了丰田汽车的品质。采购是指以低价格高品质为前提,在设计阶段充分鉴别候补供应商的技术能力。车体设计中的采购阶段,零部件审查需要专门技术人员与生产制造技术专家、材料等各要素的专家一同协作,丰田一直在实施充分调查候补供应商技术能力的活动。

（6）审核

车辆开发过程中,设计规格决定之后,则进入绘图、出图、制造、供应商投产的阶段,但是在品质保证方面,供应商是否保证遵守品质条件和品质构造进行生产,丰田的审核是必不可少的。

在车体设计阶段,审核义务分为图纸和车辆这两次进行。

① 图纸审核

丰田为了生产需要,在正式图纸完成之前,会先制作一张供生产技术科探讨各项生产要素用的 SE 图纸。这个图纸主要是在车体设计时制定标准化(检查表格、必要条件、零部件制作图、规格要求书等),并且参照这些标准进行审核。在正式图纸形成之前,审核的另一个目标是减少图纸的多次修改。

② 整车、零部件审核

丰田在试制阶段(量产准备)前,会对组装在模型车上的零部件进行 CV（Confirmation Vehicle：为确认生产能力制作的试作车）确认,通过图纸和品质标准,对整车和零部件进行检查。为了让车辆下线之后的损失降到最低,此阶段进行的审核尤为重要。

五、降低设计成本和 VI 活动、RR－CI 活动

目前为止已经介绍了丰田产品开发和成本企划相结合的各种活

动。在实现产品的目标性能与高质量的同时达到成本目标是丰田设计者必备的意识。那么设计者为了达成成本目标,日常业务中应具备怎样的思想意识? 下面进行说明的同时,也会阐述 VI(Value Innovation,价值创新)活动、RR－CI(Ryohin-Renka Cost Innovation,良品、廉价、成本、创新)活动在成本降低活动中的作用。

(1) 设计成本的降低

通常在设计中要推行成本降低活动时,设计者首先必须深刻理解自己所设计零部件的必要性能,并且掌握零部件的制造工序和材料性能等所有知识。

为掌握和理解这些知识,丰田车体领域会进行部门分配后的导入教育,之后在每天的业务内容中通过个人经验的积累使得自身能力提高。并且,实际工作中要降低成本,是要根据以下的检查表格对设计图纸进行修正和确认的。

降低成本活动中设计的着眼点:

必要零部件　• 减少必要零部件数量

　　　　　　• 必要零部件使用既存量产件和标准件

形状　　　　• 轻薄短小化

　　　　　　• 瘦身轻量化

　　　　　　• 简易加工化

　　　　　　• 提高出成率

　　　　　　• 一体化或分割化

材料　　　　• 使用低成本代替材料

　　　　　　• 使用加工性能好的材料,减少加工成本

　　　　　　• 使用市场流动性高的材料

材料处理　　• 表面、材料处理的最小化

　　　　　　• 表面、材料处理级别的适度化

加工　　　　• 工程简略化(统合化)

- 寻求低成本的工艺
- 根据必要数量采用相适应的加工法
- 作业时间最优化

性能
- 采取更实惠的替代性能
- 用其他零部件的性能替代
- 性能的变更、统合

通用化
- 采用自产零件、量产流动性大的零件
- 左右零件共通
- 材料的统和

（2）设计成本降低的具体事例

按照以下的要点进行案例介绍。

① 零部件的废除

支架部件为进行螺丝组装需要再焊接螺母时,通过直接在零部件上冲压螺丝孔,则螺母部件不需要使用。同样,如果钢管需要焊接螺丝时,也是通过直接在钢管注孔,这样的话螺母部件将不再需要（见图 3 - 11）。

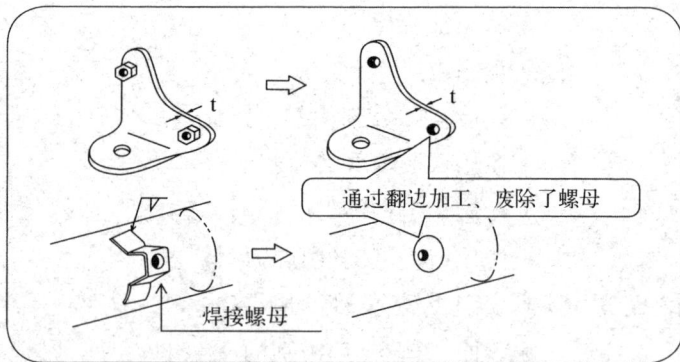

图 3 - 11　零部件废除 VE 案例

② 在形状上下功夫

厚 2 mm、成本 100、重量 1.0 的 L 字形支架零件。因为在折弯的过程中要求钢板的韧性,因此在弯折力大的地方追加一个凹槽,使得板的厚度可以由 2 mm 减为 1.6 mm,成本也由 100 降到 94(见图 3－12)。

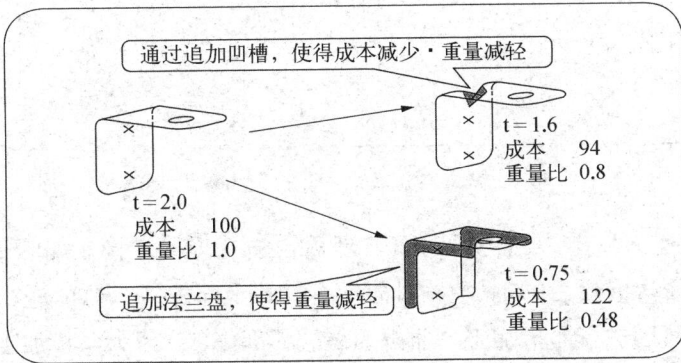

图 3－12   在形状上下功夫的 VE(价值工程设计)案例

此外,为达到轻量化降低成本的目标增加一个法兰盘,在第一道工序冲压 L 形之前需要增加一道工序来保证法兰板的形状。这样的话成本由 100 增加到了 122,但是钢板的厚度可变为 0.75 mm,既保证了刚性又使得零部件重量减少一半。

③ 提高出成率

在冲压工序中,一块钢板根据产品形状的不同,可以同时冲压出多个冲压件,这也是对设计者技术的考验。一定宽度的钢板,根据待冲压零件的形状可以排列若干个,排列得越多也就意味着废弃的边角预料越少,反过来也是节省了原材料。这样的提高出成率来降低成本的思考在丰田也是必不可少的(见图 3－13)。

④ 减少工序,提高产品性能

图 3－14 表示汽车车窗框架的制作工序,以前是按照曲折率的

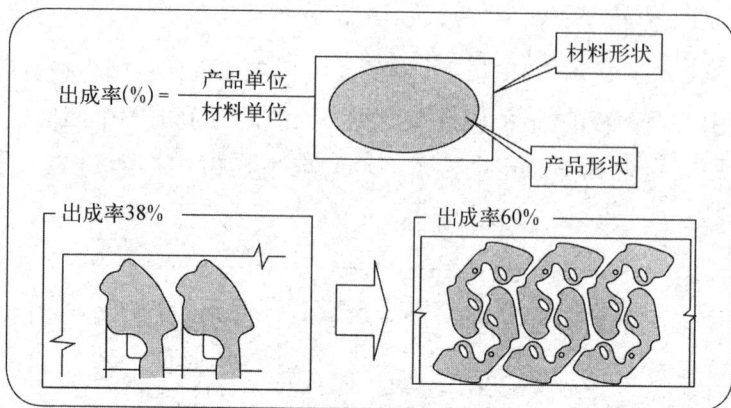

图 3 - 13　提高出成率的 VE(价值工程设计) 案例

不同,先分割出不同的大小部件,然后再进行焊接连接。如图 3 - 14
所示,压边成形后的钢板,先对曲折率大的零部件(A、B) 的进行长度
截取,然后进行弯折加工。曲折率小的零部件(C) 因为弯折加工比较
难,则采取冲压来完成。最后再把 A、B、C 零部件进行结合,但是这样
的话,加工工序繁杂,完成品产生的连接部分的痕迹也同样影响美观。

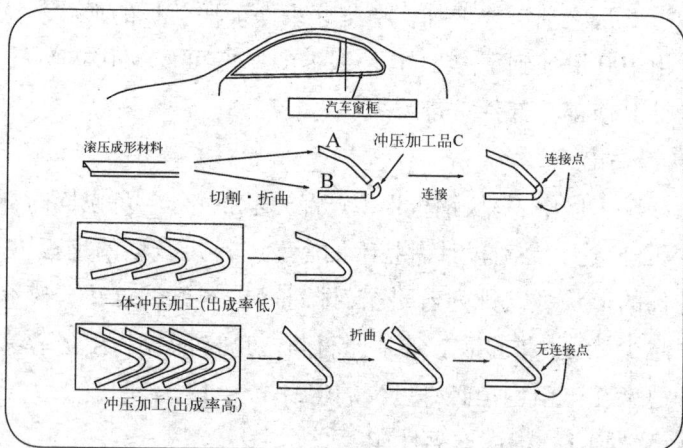

图 3 - 14　注重产品性能的 VE 事例

根据现状,丰田思考能否把 A、B、C 零部件一次性制作出来,使得外形美观,同时又能使加工工序变得简单。

详细分析之后,发现如果按照产品本身形状进行冲压加工的话,材料的出成率会非常的低。如果再进一步考虑,如果把弯折的地方先按照直线形状进行冲压成形,然后再进行弯折的话,不但解决了出成率的问题,也省去了其他不必要的工序。

(3) VI 活动、RR – CI 活动

丰田在全公司采取各种各样的成本降低活动,其中 VI(Value Innovation,价值创新)活动、RR – CI(Ryohin-Renka Cost Innovation,良品、廉价、成本、创新)活动是从设计出发,以零部件主查为主角,以降低零部件成本为中心进行的活动。这里说到的零部件主查,是指在设计中对特定零部件的技术开发、品质、成本等要素进行统筹的人,对自己担当的零部件的成本降低负责。在推进降低成本的过程中,零部件主查们通过委员会探讨如何完成设定的成本目标,与零部件开发相关联的设计、生产技术、采购等部门人员都要联动起来,一起完成目标。这种降低成本的活动对车辆开发来说具有一定的独立性,因为是以零部件为中心展开的活动,所以也成为"零部件轴活动"(见图 3 – 15)。具体来说,一般把卡罗拉等各种车系作为横轴,也叫车类轴,零部件轴则是以座椅等零部件组成的纵向轴,两者之间的相互关系可以参照下面的表格。

零部件轴活动提出的成本改善案种类繁多,车辆开发部门可以根据零部件不同的规格和属性选用最适合的零件。这样一来,车辆开发设计是在侧面支持零部件的成本降低活动。另一方面,车辆也通过使用降低成本开发出来的零部件,使得零部件轴活动得以强化,并且零部件轴可以把零部件应用到其他相类似的车型上。这样的良性循环使得丰田整体的成本降低活动得到了有效的推进。

接下来详细介绍一下丰田全社规模的"委员会活动":VI 活动

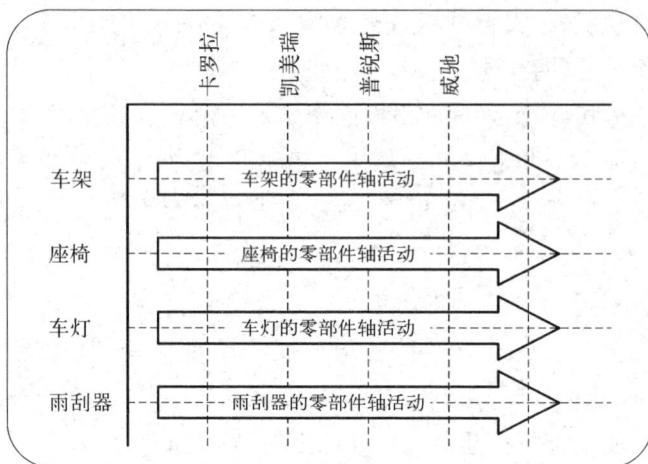

图 3 - 15　零部件轴活动示意图

和 RR - CI 活动。

① VI 活动

VI(Value Innovation,价值创新)活动是指在成本降低活动中,不去思考单个零部件的目标性能和零件规格,而是把整个关联零部件结合起来,系统地考虑如何达到目标性能并降低其成本。这样一种系统性思考成本降低的方式和活动称为 VI(Value Innovation,价值创新)活动。我们以汽车前后席之间的安全气囊(CSA, Control of Safety Airbag)的案例,来说明如何系统性的进行成本降低活动。安全气囊是要求在侧翻事故中必须在目标时间内弹出的装置,因此它是由安全气囊和感应器组成。一般安全气囊和感应器是由不同人进行设计,以前感应器设计部门按照规定的倾斜度 10 度对感应器进行性能设定,改良也是在此范围内进行。安全气囊的设计者也是在此范围内进行安全气囊的设计和改良。但是,VI 活动之后把安全气囊和感应器作为一个连动系统进行思考,由此有了一个新的观点,如果感应器稍微迟缓一点也可以奏效的话,将大大降低感应器成本。那么安全气囊能否进一步进行改善与之相配合呢？仔细研讨之后发现,如果改变安全气囊的折叠方法可以使其弹出速度加快,哪怕感应器在 30 度倾斜时感应,安全气囊也能在目标时间内弹出。这就是 VI 活动把零部件系统化考虑带来的成本降低。

② RR – CI 活动

RR – CI（Ryohin-Renka Cost Innovation,良品、廉价、成本、创新）活动是在 VI 活动之后,由于世界竞争环境越发激烈,为生产出世界最低成本的零部件,丰田展开的成本降低活动。该活动不但涉及设计、生产技术、采购,同时也把作为合作伙伴的供应商一起带入进来,通过各种新的方法来降低零部件成本。当然此项活动中设计者还是作为创意的主体,扮演着最重要的角色。下面来介绍一下 RR – CI 的主要活动内容。

首先,零部件成本降低。以零部件主查为中心,选定重点零部件,然后对各部门的想法进行发掘和收集。收集来的好创意会在各个车型开发中横向推广,使得企业整体成本降低。

第二,灵活使用当地原材料。随着全球化的步伐,丰田也开始在世界各地开设厂房,这样大量的汽车钢材、树脂等原材料则需要从日本输出到其他国家去进行生产。这种情况逐渐增多之后,在中国等发展中国家是否有相同的材料可以代替目前使用的汽车原材料,对此丰田对此进行了大规模的调查,并且对每个工厂使用的原材料进行了甄别和选定。这样大量的原材料就不需要从日本本国运输过去,大大削减了运输费用,降低了成本。

第三,生产制造改革活动。把零部件的企划、开发到生产、销售一气贯通,从设计、生产两个方面进行改善,以实现成本降低的活动。此活动也需要供应商的协助,在理解和认同活动主旨、方式的基础上共同推进。分析现有产品在生产现场中的各种不必要的成本浪费,在接下来的产品中,在设计方案上避免这些浪费因素再次发生,设计出易于生产以及可以通用的零部件,并进一步完善生产线的构造布局,也使得零部件的成本降低和生产现场的改善同步进行。同时,通过该活动生产上下游的连接,以及现场观察,来培养"制造型"人才也成为企业的一大目标。

案例3 HV(Hybrid Vehicle,混合动力车)体系的成本降低活动

1. HV 体系的熟练率

（1）经验曲线

任何商品从问世开始,价格都是由高到低的趋势。降价一方面是市场竞争带来的行情所需,除此之外从成本来说也有两个重要原因。一个是规模经济效应,固定成本的投入与产量是无关的,那么单位时间的产量越高,单位产品相对负担的固定成本费用就越低。

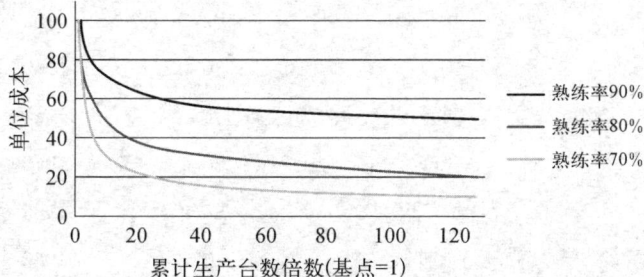

基点	1	2	4	8	16	32	64	128
熟练率90%	100.0	90.0	81.0	72.9	65.6	59.0	53.1	47.8
熟练率80%	100.0	80.0	64.0	51.2	41.0	32.8	26.2	21.0
熟练率70%	100.0	70.0	49.0	34.3	24.0	16.8	11.8	8.2

图 3 - 16 经验曲线

还有一个原因是熟练度的问题,在一条新的生产线上进行生产时,即使单位时间的产量一样,我们也普遍认为累积生产 2 000 件的成本会低于生产 1 000 件的成本。这主要是因生产的熟练度带来的效应。当累积产量变为两倍,成本反而下降到 80% 的话,我们则认为熟练率为 80%。在保证 80% 熟练率的基础上如果再累积生产 4 000 件,那么成本与 1 000 件相比又下降到 64%。两者之间如果在对数刻

度中表现为直线,在标准刻度中则表现为曲线。曲线的表示也称为经验曲线,这种效应也叫作经验曲线效应。

(2)汽车零部件的熟练率

目代先生在 2000 年根据通产省(现在的经产省)"机械统计年报"中的数据,制作出了汽车零部件的经验曲线和熟练率。自 1960年起的近 40 年,他对 30 多种零部件进行了分析(见表 3-1)。

表 3-1　汽车零部件熟练率比较(目代 2000)

零　部　件		熟练率(%)	分析时间
零部件	活塞	89.8	1960—1997
	活塞环	92.0	1960—1997
	汽缸套	86.0	1960—1997
	吸气阀和排气阀	90.5	1960—1997
	合金卡轴	76.1	1960—1997
	按压开关	87.9	1965—1997
	油封	82.8	1960—1997
	燃料喷射装置	92.8	1960—1997
	空气净化器	90.0	1960—1997
	油净化器	84.3	1965—1997
	油缸	92.6	1965—1997
	水缸	91.9	1965—1997
	散热器	87.1	1960—1997
驱动电动机操作装置零部件	通用连接件	84.4	1965—1997
	车轮	85.8	1960—1997
	方向盘装置	88.9	1965—1997
	拉杆及拉杆端	88.0	1965—1997

续表

零　部　件		熟练率(%)	分析时间
悬架制动装置零部件	减震器	88.1	1960—1997
	刹车倍力装置	82.6	1970—1997
	刹车管	94.4	1965—1997
	刹车阀	78.2	1965—1997
底盘及车身部件	燃料缸	103.9	1970—1997
	排气管及消音器	109.9	1965—1997
	窗架	76.6	1965—1997
	车门部件,把手及车锁	90.7	1965—1997
内燃电装零部件	发动机	92.7	1977—1997
	点火线	101.6	1977—1997
	点火器	95.7	1977—1997
其他零部件	开关类	93.7	1960—1997
	计数器类	104.9	1960—1997
	警报器	81.2	1960—1997
	暖气装置	90.5	1965—1997

　　根据此表,熟练率最低的零部件(效果最高)是轴承金属,熟练率达到了76.1%。接下来是窗架,达到76.6%,刹车阀达到78.2%。这些零部件并不会因为车型的变更发生大的变动,因此可以连续性的观测熟练率。另一方面,熟练率最高的零部件(效果最低)是排气管和消音器,熟练率是109.9%,它有两个大的成本增长,这可能是因为尾气排放规定的强化带来的。其次是"计数类产品",达到104.9%,这是因为每次换车型,此类产品的附加价值也要增加。除了这些特殊原因之外,根据调查汽车零部件的熟练率大多数都在80%~90%

之间①。

（3）丰田混合动力车系统的熟练率

从 1997 年 12 月第一代 PRIUS（普锐斯）开始销售以来，丰田混合动力车（Hybrid Vehicle, HV）的销售市场一直看涨。到 2007 年 5 月，十年间累计销售台数 100 万台，之后增长速度越来越快，2013 年 3 月累计达到 500 万台。

这期间混合动力车的成本是怎么变化的？图 3－17 是 2005 年 5 月车型变换之后，以 100 台为单位，"第 1.5 代"的成本变化表格。2003 年 9 月的第 2 代成本降到 6 成，2009 年 5 月的第 3 代已经降到了 4 成。这段时间的熟练率为 77.4%。

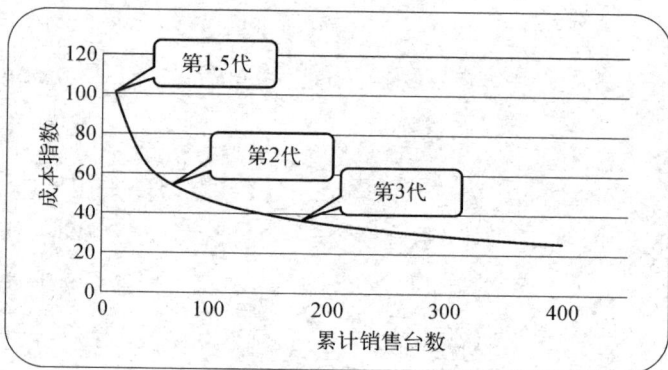

图 3－17　丰田混合动力车经验曲线

（4）经验曲线的效果机制

混合动力车的熟练率为 77.4%，与之前提到的那些零部件的曲

---

　　① 编者注：制造业所说的熟练率，主要是通过生产的熟练所带来的效果，因此把同样设计的连续生产作为前提来考虑的话更容易理解。但是表格中效果高的 3 件零部件，如果说近 40 年间设计都没有发生过任何变化也是不可能的。我们可以这样认为，一般汽车零部件的设计都是在日常中不断进化的。很难排除这些因素单纯地讨论生产熟练度。很难把设计不发生变化作为前提，是因为要提高生产效率，就有可能会更改设计，这也是生产熟练的过程中才能提出的改善提案。本章是在认同设计变更的影响之下，来表现熟练率这一概念的。

线效应比毫不逊色。但是与合金卡轴这些单一的零部件相比,混合动力车是各种零部件的集合体,这也说明它在降低成本的趋势上更有优势。所以关于新产品,我们常说时间越长成本会越低。感觉当某种机制运行起来,成本自然而然就会随之降低。应该存在着这样一种机制吧。但是经验曲线并不是理论导入的数据,而是要根据数年积累的实际生产数据做出经验分析。这个现象很容易被观察到,但是要用理论机制去说明并不是容易的事情。但是有一点可以肯定,少量生产成本不会自动降低。任何情况一开始都需要相关人员的不懈努力才能使得成本下降。这里并不是想用丰田混合动力车的成本降低来说明经验曲线效果的机制,这只是一个案例。换句话说,这个活动需要培养合适的人才和进行长期的观测才能实现。

2. 丰田混合动力车的降低成本活动

(1)尽早统一目标

室井纯次是混合动力车成本降低活动的主导。室井在设计、采购、EQ 推进部等多个部门均有工作经验,但不管在哪个部门都是一致贯彻成本降低活动。在他的部门内有这样一个现象,看见产品立即思考"应有的成本"。只要室井认为价格贵的东西,十有八九成本能够降下来。

CCC21 活动(Construction of Cost Competitiveness for the 21st Century,打造面对 21 世纪的成本竞争力。详细请参照本书第四部分内容。)中,无论是在技术部门还是作为车体设计部门的零部件主查,在降低成本方面,室井都是他们的灵魂人物。一旦有这样一个身份之后,接下来的工作都会变得更加简单。比如有的部门成本总是很难降低,小组成员都为之苦恼之时就会请室井过来帮忙。但其实在室井策划 VE(Value Engineer,价值工程)探讨会之前,成本就已经降下来了。这其中得益于供应商、采购、设计等的参与,室井的策划决定之后,又促进了部门间的交叉活动,带动了生产的活性化。但是混合动力车系统的成本降低活动并不是上面所讲的那么简单。每次技术变革的同时也会导致成本目标难以判断,这就需要设定一个具有挑战性但又能达成共识的目标。那么使这项困难的活动走向成功的关键是什么呢? 室井是这样说的:"活动最初的目标设定最为关键。在风险管理的同时,把总目标进行分解。然后一定要坚持不懈地去达成,只有这样才能不断完成。"

现在混合动力车的活动中,为了确保成本降低的活动时间,车辆开发部门很早就设定好了目标,并与执行人员进行意见统合。作为推进成本降低的负责人,室井会把相关人员全部召集起来,让每个部门再制定本部门的目标。室井常说"领导者也要亲身参与进来,如果领导者不参与,也就不需要这么多领导者"。在早期把目标统一之后,接下来就是寻找降低成本的着眼点。

(2) 降低成本的切入口

目标如果和以前差不多的话,那就只需委托给实施部门,也就是设计、生产技术、采购、供应商等部门,成本总会有一定程度的下降。因为他们也是专业人士,拥有相应的知识,对他们来说是可以完成的任务,是只要努力就能达到的目标。但是如果混合动力车系的目标定得极具挑战性,不通过成本改善的切入口(图 3 - 18)来带动的话,很有可能活动会陷入僵局。

切入口有以下几个方面:

(a) 重新认识 CVI(Customer Value Index(客户价值指数)。也可以称为商品力。)

(b) 实现最优线(横轴是 CVI,纵轴是设计素质的表格中各车型的坐标,原点和各坐标的连线中倾斜度最小的线。)

i. 设计品质(丰田把体积、零部件数、重量这三项作为设计品

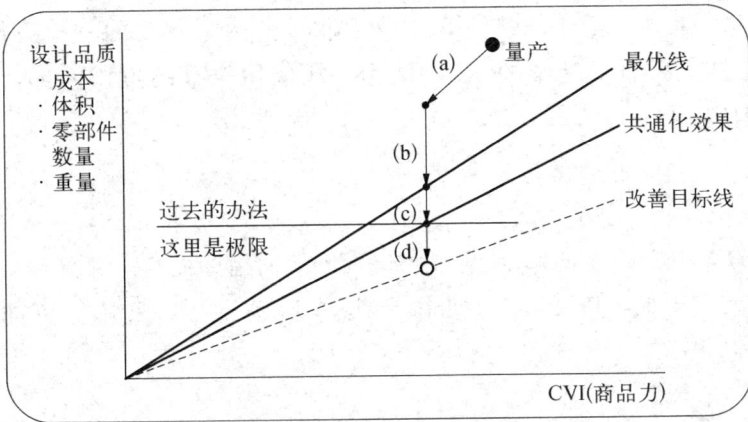

图 3 - 18　成本降低的切入口

质。这三项再加上成本进行分析的方法叫做四元分析法。)的改善

　● 体积缩小⇒设备小型化、零部件数量减少⇒工序减少、重量减轻⇒材料减少

　ii. 实现最低价的生产和购买

　(c) 通过通用化实现量产效果

　(d) 实现目标革新

　其中从(a)到(c)是过去的做法,CCC21 活动的时候非常盛行的实施手法。关于(d)项后面会进行详细说明。

　(3) 亲子解析,四元解析

　在室井的小组里,成本降低手法的理论支柱是冈田真。冈田做过空调设计,在工厂和生产技术部门也有过很长的工作经验,近 10 年时间都是在技术部门任职。在工厂时,主要担任组装工序的改善和自动化。在生产技术部时,主要负责美国供应商的技术支援。回到技术部之后,一直担当成本降低活动的指导员。

　以前的成本降低活动方法中,从 CCC21 活动开始,很多都是由冈田充当主导的。在完成混合动力车这个非常具有挑战性的成本目标活动中,"亲子解析"和"四元解析"是两个重要的分析方法。为了让大家有个基本的了解,引用一段冈田执笔的丰田内部资料的内容。

CVI 和 CPI

　　CVI＝Customer Value Index＝顾客的价值指标∝购买价值

　　CPI＝Cost Proportional Index＝成本比例指标∝费用等方面的考虑

CC(CVI－CPI)表格,CC(CVI－CPI)解析

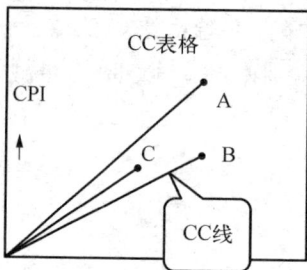

CC 表格:CVI＝横轴,CPI＝纵轴

CC 线:原点和实点连接的线

更好范畴:倾斜度小于 CC 线

世界第一线:倾斜度最小的 CC 线

CC 解析:找到世界第一线,作为定义

　　左图产品中,B 的倾斜度在所有 CC 线中最小,是最优线。

四元解析

　　四元解析:共通 CVI 中,CPI 体积、零件数量、重量、成本是 CC 表格的 4 个记录项,通过 CC 表格进行分析。这里说的体积是指能够容纳产品的最少四方体的体积。

　　素质的 CC 解析:从四元分析到除去成本的体积、零部件数量、重量的 CC 解析的统称,也叫设计素质。成本会随着地域和文化的不同而变化,但是素质的好处是不会变化。

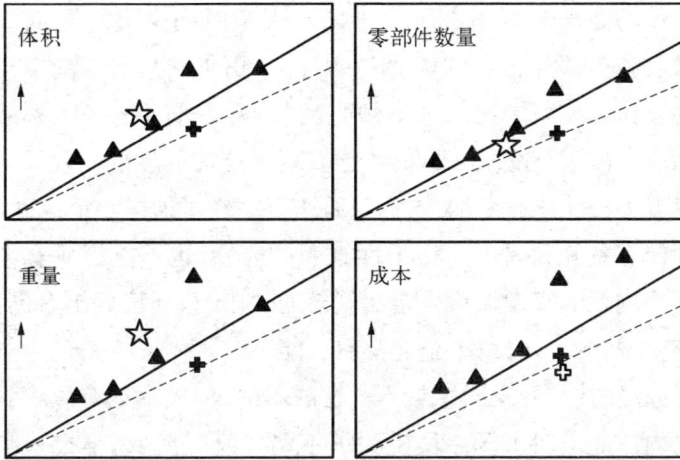

亲子解析：

亲子解析：横轴是产品 CVI,纵轴是构成零部件的 CVI,通过 CC 表格分析,找到适当的倾斜度。横轴是亲 CVI,纵轴是子 CVI。

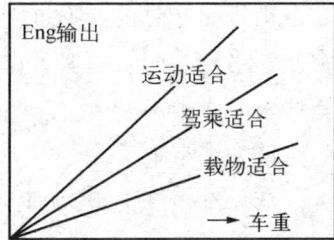

例）发动机功率和车重

发动力功率过小──→加速差

发动机功率过大──→汽车价格上升──→销售量差

如右图是车重和发动机功率的倾斜率,要寻找最佳的倾斜度。

（4）经验曲线效果的机制

丰田混合动力车在降低成本的时候,室井作为主导者,冈田作为技术理论的支持者,他们主张用长远的视角去追求成本活动。为实现极富挑战性的成本目标,不断寻找最佳的方案是必不可少的。

如果不是丰田,其他公司会怎么做呢？像刚才说到的,丰田的混合动力车在降低成本时,我们很难对它的经验曲线效果进行说明,但是又想从一般的视角进行分析。

丰田的混合动力车之所以可以花大量时间来进行降低成本活动,是因为它有"先行者的优势"。至今丰田仍然是混合动力车这个领域的领先者。当然比起这个领先的优势,更重要的是大家通过艰苦的钻研和摸索,取得了成果,才能有现在这样的良性循环。但这并不是只有丰田才能做到的,丰田只是正好站在了这样一个位置。

即使有室井和冈田这样个性鲜明的人物,也不能说只有丰田才能做到。创新的实现无关乎企业规模的大小,只要培养出有创意、有自信、有热情的人才,每个企业都有可能。

另外,新技术开发时总是不考虑成本的,但成本只有压缩到一定范围之内才能走向市场。虽说为了不错过好时机,越早投入市场越好,但是价格太高终将失去市场。因此把成本压缩在一定范围之内才是销售的好时机。不过刚问世的阶段肯定也还有大量成本降低的空间。当然与团队的努力也是密不可分的,相比较来说,一份可以对新技术的成本不断改善、使企业直接盈利的工作,更容易激发出员工的热情和智慧吧。

从这个角度来看,如果用长远的眼光因地制宜配备人才的话,也可以达到如同丰田混合动力车成本降低活动所带来的效果,大家不妨学习一下吧。

专栏3　给年轻人的寄语

　　本章节谈到了很多专业术语,可能会比较难理解。下面我想聊一些轻松的话题。

　　我每年会有一次作为兼职讲师,到名古屋工业大学机械学院进行约3小时的特别授课的机会,讲授关于汽车工学的内容。每次都会让学生们按照想象画一个汽车的侧面图(从侧面看到的汽车外观),然后再开始我的课程。

　　通过课程,大家会逐渐了解汽车的构造。比如,根据前轮的基准决定油门踏板的位置,由此,驾驶姿势、驾驶视角、乘降性也能确定下来。然后确定汽车的基本框架、引擎室内的零部件构成等。基本的概要说明结束之后,我还会让学生们

图3-19　讲义开始前让学生们画的
汽车侧面图的其中一例

重新再画一个汽车的侧面图。已经变成了如图3-20所示的样子。

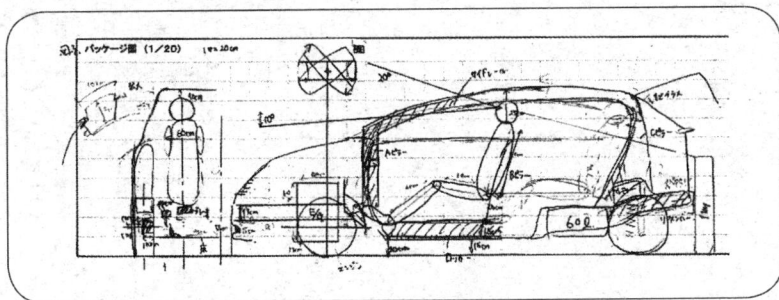

图3-20　经过说明之后同一位学生画的手绘图

　　如果能画到这个程度的话其实就跟总工程师(CE)画的没有太

大区别。在 3 个小时的课程中能够达到这样的水平或许很值得惊讶。但是根据基本要素进行作图,这本身其实并不难。结构图也好,根据结构图设计者所画的零部件图纸也好,还有比如撞击时的安全性、夜间照明、下雨天雨刷的性能等,只要按照其机械原理都可以用图纸表现出来。虽然是非常庞大的工作量,但并不是多么困难的事情。

也不要认为最开始学生画的简笔汽车过于幼稚,其实这或许坦诚地画出了他们想拥有的一辆汽车。正是没有了任何约束,他们才能表达自己对汽车的想法甚至梦想。经过课程之后,按照各个要素进行的绘图有了专业性,但是也失去了之前简笔画的可爱成分。这就是用户角度和制造者角度的视觉转化。

其实真正最难的是,既保有用户视角,又能把机械原理设计在内。把对汽车的思考和幻想具体化,这正是一个汽车设计者的工作,但是还需要专业的知识和技术,以及坚定的信念。

我想对年轻的工程师说,不要小看自己,也不要找借口,用不断的追求让你的梦想具体化。这不仅仅是对汽车设计者说的,更是想对所有年轻人说的。

阅读3 从品质管理看开发、设计的方法

1. 品质管理是什么

（1）品质是什么

生产行为的成果所具有的价值,无外乎 QCD（quality, cost, delivery,质量、成本、交货期）三种形式。品质是"生产行为的结果应具有的第一价值"。这里说的价值是指对使用者来说有价值。生产是通过投入、赋予产品价值的过程,附加价值的成果（产品）是对后道工序的保证。这种连锁增值的过程也是对终端客户的品质保证。

生产线上的每一道工序生产出来的产品,一定要保证后道工序使用它时必须具有的性能和价值。那么是否满足后道工序的价值要求,是用代用性能（很多时候是品质特征）来判断的。但是,这并不是由后工序来判断的,而应该由自工序进行判断。这个价值判断的标准越往后工序越推移的话,不满足要求（不良品）的失败成本就会越大。

自工序为了判断是否满足要求,流程（工序）构成要素的标准化,以及偏离标准时能够易于判断、暴露问题的机制极为关键。品质保证是必须保证每一个产品的价值。因此,品质管理的管理对象,应该是生产过程中的每一道工序。

对于品质管理的思考,企业很喜欢用一个口号来表示。到目前为止,我们所讲的品质管理如果用一句话来说明的话,我认为是"后工序是客户",或者"在工序中造就品质"。这也是丰田推进"自工序完结"的基本思想。

（2）品质的评价

产品具有的价值,也就是品质应该如何去衡量呢,图3-21引用了1979年4月17日《朝日新闻》登载的一篇报道。这篇报道中,当

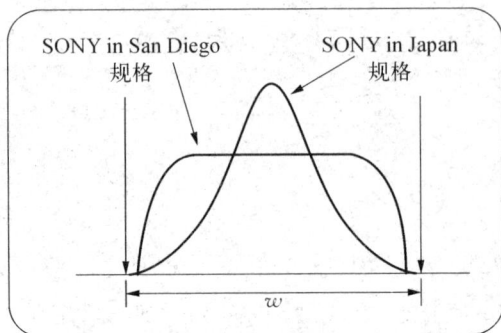

图 3 - 21   SONY 日本工厂与 San Diego SONY 工厂的品质差异

（出处）《朝日新闻》1979 年 4 月 17 日（朝刊）

时索尼美国分公司副社长谈到"为什么 made in Japan 的产品比 made
in America 的产品质量好"。20 世纪 70 年代后半期到 80 年代，日本
产品的品质是被市场认可的，也是日本制汽车和电子产品席卷美国
的时期。图 3 - 21 是 San Diego 索尼工厂和日本索尼工厂生产的彩
电的性能分布比较表。报道中说，这两个分布曲线的差异就是日美
制造业品质差异的根源。两个工厂的不合格率几乎都是 0%，但是两
个工厂的分布图是有差异的。San Diego 工厂主要是在规格之内进
行生产，而日本工厂是以规格中心值作为目标在进行生产。这个差
异也导致质量的差异。容许差为 W，日本工厂和 San Diego 工厂的标
准偏差分布分别是 σ_{jp}，σ_{san}。

$$\sigma_{jp} \cong \frac{W}{6} \tag{3.1}$$

$$\sigma_{san} \cong \frac{W}{2\sqrt{3}}(\, > \sigma_{jp}) \tag{3.2}$$

（3.1）和（3.2）的公式比较，通过差异的大小就可以看出日本制
产品的品质优于美国制的事实。在制造工序中，工序能力也好，产出

品也好,品质的差异是很常见的。由此,产品的品质也是根据品质特性差异化来计算。越不稳定,差异越大,说明品质越差。

由此可见,品质管理是为了保证后工序或者客户的品质(价值)要求,也就是为了防止产品质量的不稳定,在生产过程中保证质量,为了不给后工序生产出不合格的产品。具体应该怎么做呢? 首先要计划(plan)、实施(do)、评价(check)每一个过程(怎样的方法,怎么生产,怎样的组织结构),在必要的时候进行改善(act)。这样才能使每一道工序的作业质量提升,从而确保后道工序的质量。后工序所需要的品质,有多大程度能够在自工序进行保证,这也决定了品质管理的水平。说这是品质管理的难关也不为过。

2. 品质的三种差异

(1) 品质的差异性

制造的过程从大方向说可分为:市场的需求——→商品企划、产品企划——→开发、设计——→制造——→市场的一个连锁过程。品质的差异也是在这个环节中产生的。但是最终对品质进行评价的是享受这些商品价值(功能、性能)的消费者。消费者希望可以持续性的享有商品价值,并且可以在不同环境中享有。但是市场的需求是不断变化的,如何去满足客户的需求是一个难题。

也就是说,比起 QCD 中成本(cost)和交货期(delivery)是在产品交付过程中产生的价值,品质(quality)则是产品真正交付给客户之后才有价值。但是,品质却要在生产过程中去打造。

因此,品质的差异性分为三种——"进入市场前的差异""进入市场后的差异""市场需求的差异"。我们从企划、开发、设计和制造的职责进行分析。

(2) 三种差异性

前面说到,品质是产品交付给客人之后才能产生价值。也就是说,即使出货时的质检合格,也不能因此确保它就能满足客户的需求。

我们从产品进入市场之后来思考。客户使用产品的环境肯定是不同的,这样使用环境就成为一个质量差异的因素,生产者交给客户商品时名义上的约束条件就有差异。另外,产品中的零部件时间长了也必然劣化。贵的零部件可能差异更小、更加稳定,但是同样也会劣化,只是时间早晚的问题。因此时间也是引起产品性能差异性的原因。

图3-22是进入市场前的差异和进入市场后的差异的概念表示。如图所示,进入市场前的差异性是指以图纸作为目标值来判断偏离了多少。制造的构成要因无外乎5个因素,即5M1E,人(Man)、机(Machine)、料(Material)、法(Method)、测量(Measurement)、环(Environment),制造的结果就是品质的差异性。另一方面,消费者购买的东西往往都是"一个","一个"并不能构成差异性的概念。但是,消费者会多次使用它,就像刚才说到的,时间轴、空间轴上来看会产生品质的差异性。这就是进入市场之后的差异性。

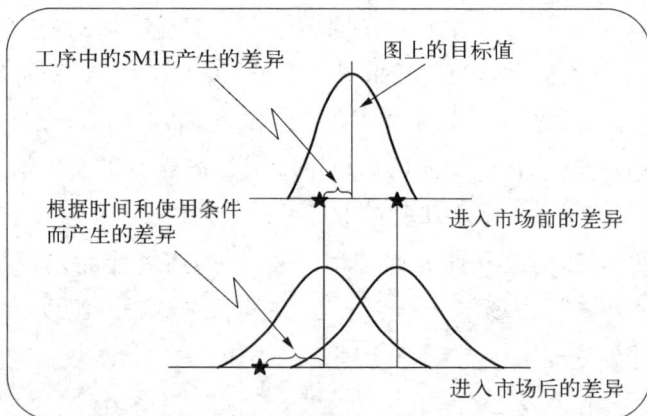

图3-22 进入市场前的差异和进入市场后的差异概念图

还有更为复杂的一个方面,也就是没有需求就不会有购买行为。概念上来看,对于任何一个商品,消费者的需求市场都是有差异性的,由此可以想象消费者对商品品质的满意程度也是不同的。这种不同是由于客户的主观性造成的,因此,根据主观性的差异品质也会有差异性。

从生产的过程企划——开发、设计——制造来看,市场需求的差异性是由企划部门负责,进入市场后的差异性主要是由开发、设计部门负责,进入市场前的差异性主要是由生产部门负责,还有一部分是由开发设计部门来负责的。这样,企划部门的成果是产品企划的品质,设计开发部门的成果是设计图纸的品质,制造部门的成果是产品的性能等,这些也就是我们所说的企划品质、设计品质、制造品质。

3. 开发、设计部门的品质保证

(1) 市场需求差异性的应对

企划中心的职责是应对市场需求的差异化。大体上说,企划的主要工作就是决定向谁提供怎样的商品,以及确定产品的等级。如前面提到的,我们可以把市场的差异性理解为客户对于企划产品的品质喜好差异性。使差异缩小有两个方法。

一是针对消费者的这种主观差异性进行宣传。广告媒体是增强产品品质认知度的一个方法,不管生产出来的新产品相对旧产品有多少价值提升,如果不提高消费者对这个价值的认知,这种差异性是不会缩小的。

二是市场分割法。首先了解到市场需求之后,先确定应该向谁提供怎样的商品(商品企划),然后按照不同的细分市场进行产品企划即可。细分客户需要什么,不需要什么,另外,确定出产品级别按照什么程度划分(产品企划)。并非要一对一的满足消费者,而是调查清楚市场需求的差别化的原因,对市场进行划分,或者说是把夹缝市场特定化,对不同的细分市场进行相应的商品企划、产品企划,这也是前置控制的一种。在这里根据盈利目标与成本企划一起进行问题磋商,同时企划部门与设计开发部门的合作也是必不可少的。

（2）进入市场之后的差异性应对（其一：田口方法）

消费者在购买了一个产品之后,一定是希望一直享受产品的性能,也可能会在不同的环境下使用它。但是,零部件的劣化和外部因素会使得产品进入市场之后,根据时间和空间的变化产生出差异性。如何应对这种差异性是开发设计部门的职责。质量的差异性是因为发生的原因有差异性。但是,对于进入市场之后的差异性,生产者很难再去采取行动。因此最有效方法就是"缓和成因的影响",也就是田口方法中参数设计的思考。这种方式是把原因和结果之间的因果关系进行现实分析。有相互作用的利用和非线性的利用两种方法。

图3-23和图3-24是Kackar于1985年在美国发表的关于田口方法的论文中用到的表格。糖果会随着温度融化,那么设计者就要思考如何设计出不受温度影响的糖果。气温虽然不能控制,但是温度变化的实验是可行的。于是可以在实验室再现市场环境,进行假想实验。如图3-23所示,关键是通过与温度的相互作用找到相

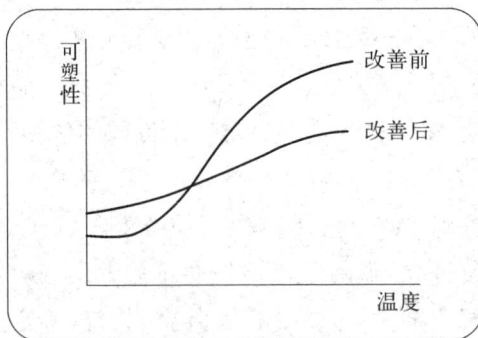

图3-23　缓和成因的影响（相互作用的利用）

（出处）参考 Kackar 论文,笔者作成

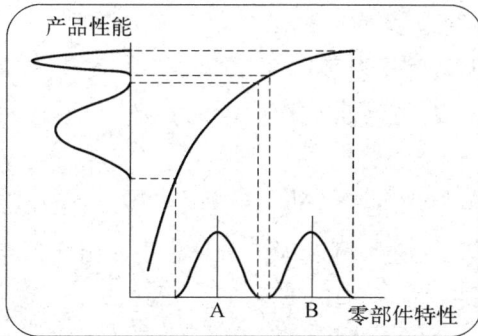

图 3 - 24　　缓和成因的影响（非线性的利用）

（出处）参考 Kackar 论文,笔者作成

关的糖果成分。

图 3 - 24 是由于零部件性能的差异导致的产品性能差异。为了缓和零部件特性的差异,零部件性能的指标由 A 变为 B 会更好。这是利用了零部件特性和产品特性的非线性图来进行分析。

以上两个例子讲的都是如何进行参数的设定,开发设计要提前行动,预估市场风险,防患于未然。

（3）进入市场之后的差异性对性(其二：适应)

在产品的开发设计中,设计构思的阶段如 3 -(2)中所说的,有可能从稳定设计过渡到参数设计的最优化。但是,在具体设计阶段需要把尚未确定的内容明确化,也需要弄清楚与其他零部件之间的关联。这种情况就需要适应(设计部门的商榷)。适应是指根据设计后期提出的要求,通过部门的协商,重新修正设计初期设定的参数。但是,如果像"打鼹鼠"一样一个一个去更改参数的话,将会导致大量的设计工作和设计顺序需要变更,从而造成设计周期过长。

为了避免"打鼹鼠"似的设计变更,在设计初期就要分析透彻哪些参数是可以更改(也叫适应因子),哪些是不可以的。对于设计构思阶段选定的适应因子,在详细设计阶段还未确定参数是否更改之前,与其参数相关的制造设备(比如模具等)先暂时不要下订单,这样也能使得生产准备的成本降低。

当有规格未定的参数(适应因子的备选项)时,应该注意以下几个方面。

① 应对复杂环境的稳定性

根据设定值的不同,可以预估出产品投入市场后会带来差异性。这样的设计参数不属于适应因子。

② 其他设计参数之间的相互作用

为了保持最优化,调节设定值后其他的参数设定也随之发生变化。这样的设计参数不属于适应因子。

③ 适应对象因子的适应效果

当无规格的设计参数设定为适应对象因子的水平之后,通过适应调整效果显著的设计参数属于适应因子。

(4) 关于投入市场前的差异

投入市场前的差异性,其原因和结果以及因果关系很容易被模式化。因为在投入市场前的阶段,很多因果关系可以通过案例技术性的说明。

进入市场前的差异性的原因很多是在制造环节。制造是按照设计图纸生产,图纸中的数值也是制造结果,具有特性的理想值。但是,特性值可能就是差异性。这是由构成制造的要素造成的,也就是5M1E,即人(Man)、机(Machine)、料(Material)、法(Method)、测量(Measurement)、环境(Environment)。通过对5M1E生产要素进行标准化,可以抑制制造的差异性。比如,丰田实施变化点管理,就是预先设定的要因出现变化的时候,或者条件被改变的时候,必须要进行品质检测。另外,在要素中可以找到差异性的原因,再根据原因防止差异性。日本的制造现场最擅长的就是改善。但是,在制造中为了防止差异性,这并不是唯一的方法,本章节中提到的其他方法也可以并驾齐驱。

在投入市场之前决定 5M1E 状态的不光是制造,设计部门也可能影响 5M1E。制造只是设计的后工序,设计时把客户需要的价值通过图纸表现,然后提供给后工序的制造。

图纸是规定的 method(加工方法),制造的差异性产生的原因很有可能就是在设计阶段。举一个象征性的例子,假设要设计图 3 – 25 的零部件,图 3 – 26 零部件从性能上来看,长度 Z 是非常关键的特性。

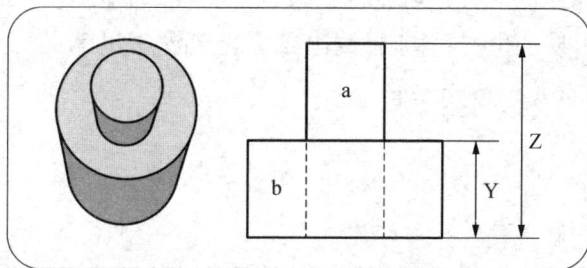

图 3 – 25　某零部件的构造

在画图纸时,设计人员画了图 3 – 26 的设计图。比如,强度耐性等一般认为在设计和概念阶段基本是不可变的。另外,派生的产品开发大多数是从成本和零部件通用性等角度进行流用设计。设计者从 CDA(Certified Data Analyst,数据分析)零部件数据库中把 c 和 d 调

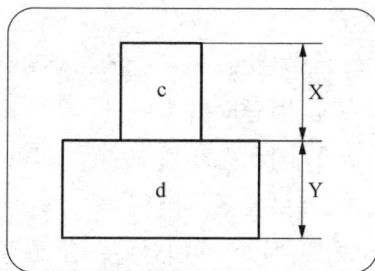

图 3 – 26　图 3 – 25 零部件的图纸

出,进行流用设计。图 3 – 26 的尺寸 Z 由尺寸 X 和尺寸 Y 构成,所有这些零部件的加工精度都一致的话,根据分散加法性,比起整体都由尺寸 Z 制作,尺寸 X 加尺寸 Y 的制作方式更容易出现差异性。零部

件 c 和零部件 d 的焊接也会增加差异性。

在收到图 3 - 26 的图纸之后,制造部门按照尺寸 Z(X+Y 的构成)的精度要求,在零部件 b 的上部进行研磨加工,这也造成了不必要的制造成本。这就是由于设计人员并没有很好地掌握零部件基本构造,不了解制造工序的制造差异所造成的。

当然也有可能零部件 c 加 d 的组合更能节省制造成本。所以为了更好地使零部件性能与制造成本相配合,设计信息、生产技术信息、工序能力信息应该共享,开发、设计部门与包含生产技术部门的制造部的合作也是必不可缺的。设计要把制造部门作为客户看待,必须设计出易于生产、易于检测出异常的产品,这也称为设计的制造性(design for manufacturing)。

4. 针对差异性的开发、设计活动

　　(1) 抑制差异性行为的体系化

造成差异性结果的因素,分为原因、结果、因果关系三个方面。考虑"原因""结果"和"因果关系"的话,抑制差异性可分为以下四种体系:

结果状态相对应的结果导向行为

原因导向行为

原因状态相对应的结果导向行为

因果关系导向行为

"结果状态相对应的结果导向行为"是对生产成果(结果)进行控制。全数检查、防错装置、反馈制御等都属于这个范畴。"原因导向行为"是对生产过程的要素进行控制,如刚才我们提到的对 5M1E 制造要素进行控制。"原因状态相对应的结果导向行为"是对生产过程中的要素进行改变,从而对结果产生影响,规格未定、会随市场环境改变的产品则属于 3 -(3)所讲的设计适应性,也属于 3 -(1)所讲的市场细分行为。"因果关系导向行为"是对影响结果的原因进行缓和的行为,3-(2)中的稳定设计就属于此类。在企划——开发、设计——生产制造的流程中使用这四种方法,可以控制市场需求的差异性、进入市场之后的差异性以及进入市场之前的差异性。

（2）开发、设计应采取的行动

第三节我们讲到,应该以开发、设计部门为核心控制品质的差异性,包括进入市场之后的差异性以及进入市场之前的差异性。投入市场之后的差异性是由市场造成的,这部分原因无法对应。但是设计开发部门应该采取的行动是"原因状态相对应的结果导向行为",或者"因果关系导向行为"。前者的行为属于适应性的防患于未然行为,后者属于防患于未然行为。对进入市场前的差异性,设计者的责任是设计能制造出价值的图纸。这也是防患于未然行为。

防患于未然行为还包括把后工序可能发生的问题前置性的去思考,虚拟后工序的生产状态,进行差异性的模拟实验也是非常必要的。同时也需要企划部门、开发设计部门和制造部门的协作。要推行考虑成本的产品企划和设计,并且在设计评审阶段进行再次评定,然后才能进入下一个阶段。

第四章

成本企划
Target Costing

一、成本企划的要点

1. 丰田的成本管理活动

从 1960 年开始,丰田开始按照成本维持、成本改善、成本企划三部分进行成本管理活动。

成本维持可以划分为成本标准的设定、现有成本的对比、差异的分析、对策的实施这四个过程。成本维持是指计划成本(标准或标准成本)向实际成本接近的过程。

成本改善的目的,不光指生产中的各要素,也包括生产技术、机械设备、原材料等其他所有的生产条件的合理化改善,尽可能地去降低成本。但并不是说可以不顾现状一味地降成本,而是应该基于日常的工作,持续性地去改善。而且必须把全员动员起来,整体上综合地去制订计划。也就是说,成本管理是制订计划、实施执行、把成本改善效果和目标递减额进行对比的管理活动。

而成本企划是关于经营政策以及经营计划的成本管理活动,是从新产品企划,到量产开始前的整个阶段。说到产品的成本,其实在设计阶段就已经确定下来了。如果在设计阶段确定好材料和精度的话,之后的采购、制造阶段,能节约的成本仅局限于指定设计和设备上,并且不会有太显著的效果。所以在设计阶段,品质设计和成本设计也必须认真思考。对于新产品的目标成本,先比较估算成本,或者把各选项进行经济性的比较计算,在产品企划阶段进行成本管理,这也是成本管理三大领域中最为重要的一环。

2. 成本企划的基本公式

成本企划的基本公式如下所示:

$$[销售价格]-[利润]=[成本]　　　　①$$

正是有了左边的两项才得出右边的结果,因为售价和利润都是设定好的,所以必须按照既定的成本去进行生产。

通常的成本计算是这样的:

$$[成本]+[利润]=[销售价格]　　　　②$$

这里的成本和利润是先确定下来的,然后才确定售价。然而,售价是由市场决定的。无论卖方如何定价,决定买与不买的都是买方。获利对于企业来说当然是必不可少的,但是这个利润水准则是由购买者等利益相关群体来决定的。

它们的差价就是成本,成本目标达不到的话企业也将不能生存。以既定成本作为出发点,加上要获取的利润计算销售价格是行不通的。正因为如此,丰田全力推进成本企划活动。

公式①中的"利润"是指一台车的利润,也就是一种车型要获得的总利润除以计划台数(目标销售台数)得到的数据。但计划销售台数与实际销售台数存在差异,因为开发是以开发"畅销车型"为大前提的。

无论如何成本企划都不能独立存在,它一定是和产品开发共同推进的。丰田不但要确保在最优设计的基础上提高性能,确保设计的自由度,还要让每个地区通过良性的共同化达到效率化和成本的降低,也就是设计一开始就要追求"帅气"和"聪明"的两者兼得。这也是作为产品开发和成本企划的一体化本质。

3. 丰田的成本企划历史:从技术部成本企划室到 EQ（Excellent quality,优良品质）推进部

　　丰田在 1960 年 8 月成立了"技术部监察课成本系",开始了设计部门的成本企划。丰田过去的成本企划发展史在阅读 4 - 1 中有所

介绍,但作为真正的企业活动得以推行是从 20 世纪 60 年代开始的,70 年代初,已经逐渐形成了现在的成本企划的雏形。

1975 年 2 月,"技术管理部成本企划课"成立,"成本企划"这个词第一次登上历史舞台。1991 年 2 月更名为"产品企划统筹部成本企划室",作为 CE(Chief Engineer,主任工程师)部门的一部分。1992 年 10 月,随着中心制的导入,"第 1~3 企划部成本企划室"被设置为独立的部门,对于直属于中心管辖的产品企划统筹部来说,相当于企划部与 CE 部门完全一体化了。之后,2003 年 7 月,企划部从 CE 部门中独立出来成为"EQ 推进部",成为和 CE 部门同级别的组织。

2003 年 2 月,丰田对整个技术部进行重新定位,常务担当指出 BR – CE(Business Reform-Chief Engineer 企业改革主任工程师)室必须重视成本关联组织。于是 BR – CE 室与第 1~3 企划部成本企划室成立了成本研讨小组,开始了新组织的职能。最开始提案多次都被驳回,终于在 5 月份得到了首肯。6 月下旬,丰田废除了中心制,同时正式成立 EQ 推进部。

只要有车辆研发的地方就必定存在成本企划活动。现在丰田 EQ 推进部作为一个独立的部门,拥有丰田第 1 研发中心、丰田第 2 研发中心、雷克萨斯国际部这三个部门。但在 2003 年以前,成本企划队伍分属于各个中心的企划部,被称为"室",每个中心的业务分开,从属于 CE 部门。这之后,企划室作为"部"从中心独立出来,成为与 CE 同级的部门。从推进成本企划这个意义来说与以往没有太大差别,车辆担当(车担)和机能担当(机担)属于同一个组织这一点也没有改变。但重要的是,以往交由每个 CE 自行处理的工作,现在由 EQ 推进部来综合统筹了。

另一方面,CE 作为成本降低主导的职能多少有所削弱,但能专注于规则的制定,因此降低成本的工作委任给设计部门的体制得以实现。EQ推进部长与CE同等之后,存在感也增强,EQ推进部的前身第1~3企划部成本企划室以前并没有发行成本目标指导书的权利,只能作为CE的从属组织部门进行协助,但EQ推进部成立之后则可以自主发行成本目标指导书了。

4. 产品开发的流程

下面通过产品周期,简单介绍一下产品开发和成本企划、VA(Value Analysis,价值分析)活动等。

说到开发的起点,通常是从车辆下线的两三年前开始的产品企划会议下达开发决定。决定开发之后,以设计和CE部门为中心进行产品开发。设计的基础工具为CAD(Certified Data Analyst,数据分析),主要的成果通过(设计)图纸展现。生产技术部门和供应商等相关部门再根据图纸进行调整,逐步完善。

以EQ、CE部门为中心的成本企划与产品开发同步推进。

量产是从工厂的"号口试作"(指量产前,在量产工厂准备好量产的模型、设备等,进行试作的过程。号口本来是机器的意思,在丰田被用作量产体制的意思。)开始的。产品开发是对量产车进行评价,找出改良点,然后在两三年后对车型进行局部调整。VA活动(生产阶段的成本改善提案)基本贯穿这整个周期。VA提案除了设计,也收集生产技术、制造、供应商等的提案。到此整个产品周期结束,下一种车型开始生产。

但是,按照丰田中央研究所和东富士研究所等对于次时代要素开发(也可称作要素技术开发,并不是用于特定产品,而且指前段的通用技术的开发。比如说金属性的合成树脂材料和它的成型技术,不考虑其在什么产品中使用,先进行研发。)的定义,车型的研发早在开发决议之前就已经开始了。

发动机、变速器、HV(Hybrid Vehicle,混合动力车)系统等汽车平台的开发被称为"平台共通化开发",主要是以设计人员为主进行的车辆用品的开发。为了先行进行要素开发,达到量产目标而试行的技术和模块、PF(platform,车身平台)开发等将被改造后的先行试验车采用,并进行评价。

产品企划反映了利润目标和生产据点等经营策略,市场以及竞争车型的分析等。在这个阶段,以产品企划部为首,原改部、销售、CE 部门、设计等多个部门也得以推进。

另外,从"现号口"车型(指丰田现有量产体制下的产品。)得到的反馈也是非常重要的。也就是说,工厂和供应商提出的改善提案和 VA 提案,一方面会在现有的车型中进行修正,另一方面也会在之后的车型设计中反映出来。另外从经销商处反馈的客户评价(好评和差评),同样也会作用于现有车型的改良和未来车型的企划中。

5. 成本企划的 5 个阶段

（1）概念计划阶段

主任工程师得到市场部的市场调研报告后,进行新车型的概念汇总,通过两次概念审查,在产品企划会议中最终敲定。成本虽然只能粗略估算,但是也要从成本的角度仔细确认主任工程师的企划是否合理。但在这个时点是达成不了目标的,基于主任工程师"想要制造出好汽车"的想法,估算的成本与为了达成利润目标而追求的成本之间,总是存在着差距的。

（2）开发决定阶段

从现有车型的变化点进行成本变动的评估,判断平均一辆车的成本。这个阶段主要是预测实现最大限度成本降低的情况下车辆的价格,其结果也有可能与设定的成本目标存在差距。这种情况也应该有消除差距相应的方案。

（3）目标审议阶段

成本目标在成本企划会议中得到认可之后，设定的成本目标将变为正式的目标。

（4）达成报告阶段

主要应用 SE 图系统，外部订单由供应商，内部订单由生产技术部门进行成本的估算。SE（Simultaneous Engineering，并行工程）是指包括后工序的设计活动，再导入生产技术、制造部门的各项要求，就是 SE 图了。这个阶段是必须要达成成本目标的。

（5）号口试作跟踪阶段

供应商和生技管理部门按照正式的图纸进行成本预算。设计图纸根据达成报告不断完善，最终必须达到成本目标。供应商和生技部门再根据最终的设计图，对所有的零部件进行成本计算，从而推算出每一辆车的最终成本，成本企划目标的达成状况也得以确认。

二、标准过程和工具

如上所述，成本企划分为以上五个阶段。每个阶段什么时间、由谁、必须要做什么等，都有相应的方法，收录成册。以所收录的过程、报表、工具为标准，根据需要进行调整，进而实施改善活动。

1. 过程改善的日常

过程改善的流程如图 4 - 1 所示：

首先"回顾每个阶段"，项目担当者要就目前的课题进行报告，然后召开进度联络会，针对每个课题进行探讨。比较大的课题则上升到本部门以及相关各部门开展课题讨论会，探求具体方法进行改善。改善后的方案通过项目再次实践，并且每个阶段再进行反馈，确认问题是否还存在。通过这样的一个循环，构成了一个持续兼容的过程改善活动。

召开课题讨论会的时候,必须选出成员,哪些人员,分派到哪些部门。然后使相关人员正确把握现状,设定目标。为了达成这个目标必须要做什么,大家的意识达到共识是非常重要的。每年大约有10个课题被提出,改善活动也在持续。

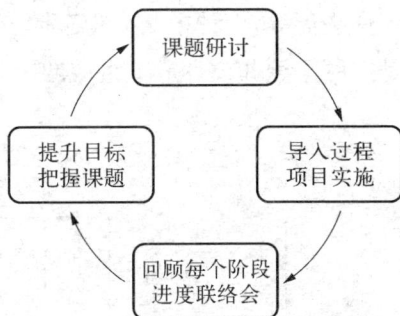

图4-1 过程改善的流程

(出处)笔者作成

2. 工具改善的手法

丰田生产方式的概念中,"KAIZEN(改善)"也有工具的开发和改善的含义。虽然丰田在工作推进过程中强调效率化,但是成本企划这些工作往往是由电脑系统或者 EXCEL 软件等这些工具来担当的。另外,好的工具不但可以使工作效率提升,并且可以把人工作中的不稳定性变得更加安定。丰田为达到效率化和工作质量稳定,工具开发是按照如下方式展开的。

① 培养工作效率化的意识,开发工具。

② 在项目中实践,讨论改善方案。

③ 不断循环直到不需要改善为止。

这样的工具改善活动也在不断继续。

三、委员会活动

1. 丰田的开发体制

如前所述,丰田的开发体制是以总工程师为中心,以车型为主轴,各职能领域为职能轴而组成的矩阵。职能领域包括设计、生技、采购物流等,设计中又分为车体、车架、电子、发动机等环节。图 4 - 2 是按照车型和设计环节组成的矩阵图。

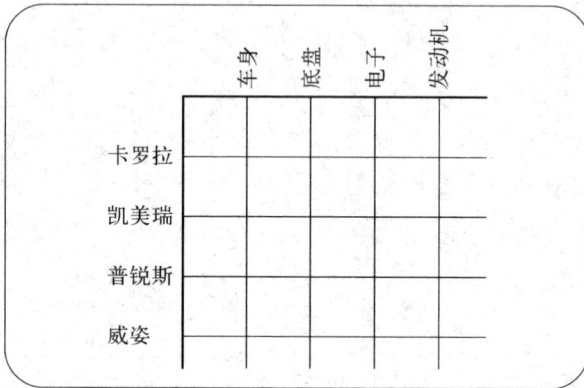

图 4 - 2　矩阵组织

　　但是如果只用二次元矩阵,还不能完全描述清楚丰田的开发体制。纵横两轴还包含了"委员会活动"。目前丰田推进的委员会活动中,不仅有成本相关的内容,还有 RR - CI(Ryohin-Renka Cost Innovation,良品、廉价、成本、创新)、全员 VA(Value Analysis,价值分析)、零部件标准化等活动。TNGA(Toyota New Global Architecture,丰田新的全球体系结构)也是委员会活动之一。各委员会中公司董事担当委员长,横断面的各个部署成为指挥者。委员会活动往往持续好几年,像零部件标准化委员会已经成立超过 10 年了。如果把他们的活动看成第三支轴的话,如 4 - 3 图示则可以看到一个三次元立体的表示。

　　把车型轴上的活动看作 Y - Z 面,在设计领域任何一个车型都要进行各种委员会活动。以卡罗拉(Carolla)为例,车体、车架、电路、发动机等设计环节都需进行 RR - CI 活动、全员 VA 活动、零部件标准化活动等各项委员会活动。这些活动并非卡罗拉、凯美瑞、普锐斯、

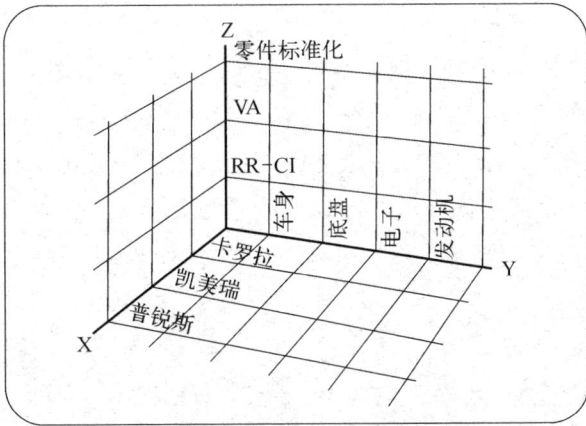

图4-3　三次元组织

威姿等,不管哪个车型都要进行同样的活动(但是后面所说的 EQ 活动,是只有卡罗拉在执行的委员会活动)。

　　把零部件轴上的活动看作 X-Z 面,任何一个设计领域都要就每个车型展开委员会活动。以车体环节的横断面为例,卡罗拉、凯美瑞、普锐斯、威姿等都按照各部门进行 RR-CI 活动、全员 VA 活动、零部件标准化活动等。这些活动并非车体,车架、电路、发动机等环节也同样在进行这些设计活动。

　　同样,把委员会活动看作 X-Y 面,这些委员会是在所有的车型、所有的设计领域展开。以 RR-CI 活动作为横切面来看,在车体、车架、电路、发动机等各个设计环节,卡罗拉、凯美瑞、普锐斯、威姿等车型都要谋求有成效的委员会活动。这些活动,也并非 RR-CI 活动,全员 VA 活动、零部件标准化委员会活动等也同时在进行。

　　委员会活动并非人事上的某个组织结构,也不是基于传统审查制度的产品开发,而是三支轴组成的最稳定的组织结构。另一方面,它也集结了特定的方法和手段,是一个发挥着重要作用的组织活动。

　　整理一下,职能轴是根据不同车型而组成的人事组织,车辆轴是根据审查制度设定的产品开发环节,委员会是为达成目标而采取的不同手段。当车辆成本被固定下来之后,职能轴会根据采购、设计、生产计划等不同的横断面进行成本改善活动,车辆轴也就是成本企划活动,而委员会则是负责推进企业的成本降低活动。

2. 委员会的各种活动

　　在有关成本的委员会活动中,采用绝对值成本企划活动,最初的契机是因为 1996 年开始的 NBC 委员会活动①。活动范围涉及由制造成本到总成本,是包括企业全部职能的一项活动。这个组织得到更进一步的发展是从 1998 年的 EQ 委员会成立之后。EQ 的"E"指的是卡罗拉,比 EQ 委员会更晚一些成立的是 VQ 委员会,"V"是指凯美瑞。主任工程师团队组成的产品企划部也使用这个称呼。比如 ZE 是卡罗拉的主任工程师团队的称呼,ZV 是凯美瑞的主任工程师团队的称呼。而"Q"则是质量的意思,EQ 则是卡罗拉的商品力,卡罗拉在正确理解商品力的基础上执行产品企划活动,正是这个名字得来的缘由。

　　也就是说,EQ 委员会也好,VQ 委员会也好,只是在某个车型所展开的活动。基于绝对值成本企划的想法而产生的横跨所有车型的"全面成本降低"活动,是从 2000 年的"CCC21"活动开始的。这之后,又经历了 2005 年开始的 VI 活动,2008 年开始的紧急 VA 活动(2010 年开始全社 VA 活动),2010 年开始的 RR‐CI 活动。详细请参考下表(见表 4‐1)。

---

① 译者注:指初代威姿(Vitz)开发项目中的成本降低活动。

表 4 - 1　委员会活动的比较

	CCC21	VI	RR - CI	TNGA	全社 VA
期间	2000—2004	2005—2009	2010—	2012—	2008—
理念	深入零部件的开发、设计的制造改革	系统单位的制造改革	维持品质,3年降低30%的成本	巧妙的共通化和差异化使得品质和价格更具竞争力	在生产过程中改善成本,获得收益
成本降低手段	根据客户价值同比收缩成本	明确设计要素(体积、质量、零部件数量等)	追求成本的世界最低值(Potential)	普及最佳设计,追求量产效果	生产条件下所有可能的手段
工具	CC 表	四元解析项目票	CC 表 项目票	图纸	零部件(实物)
地域	为日本为中心	日本、北美、欧洲	中国、日本→全方位	全方位	全方位
			开发车		量产车

(出处)笔者作成

(1) CCC21(Construction of Cost Competitiveness for the 21st Century,打造面对 21 世纪的成本竞争力)

2000 年 7 月开始,丰田为了成为 21 世纪世界第一的汽车制造业,在设计、生产计划、采购、供应商等四个新的框架,开展了"四位一体"的活动,目的在于追求三年降低 30% 的总成本。

要知道同行购买零部件的成本,大多数情况下丰田只要从供应商处知道大概多少钱能把这个零件买进来。再通过对标活动,同行车型的成本水平大致可以预测出来。根据供应商确定后的选拔结果,以往的市场观念也会随之变化。通过这些相关联的活动,世界最低成本标准就呼之欲出了。CCC21 活动,就是追求世界最低成本标准,并以此为标准进行成本改善活动。

　　另外,2002 年开始呼吁 BT2(Break Through Toyota,突破丰田),内装零部件也开始进行成本降低活动,仍然追求三年削减 30% 成本的目标。

　　(2) VI(Value Innovation,价值创新)

　　活动从 2005 年 5 月开始。通过设计要素(体积、质量、零部件数、成本)的改变来达到降低成本的目的,并对先行阶段到设计理念进行再度审视。与 CCC21 不同的是,这是设计部门主导的活动。这个活动不局限于像 VE(Value Engineering,价值工程)这样以零部件为单位的成本降低活动,也涉及以多种零部件组合为单位的周边零部件。比如发动机制动系统、安全气囊制动系统等,重新审视系统中每个零部件的功能和配置,用具有相同功能的 ECU(Electronic Control Unit,电子控制单元)进行统合。在性能和质量保证不变的情况下,减少零部件件数和使用空间。比如第三章中列举的后座安全气囊,就是利用组合环节来降低成本。另外车体中能决定 90% 基本重量的零部件有 100 种左右,确定这些零部件的出成率[①]以及制造工序,可以大大提高设计的品质。像这样也涌现了很多名副其实的优秀改善案例。

　　另外关于内装方面也开始采用一些精益生产设备(去除了多余部分),比如小型化保险杠射出成型机现在只有从前体积 1/2,这样可以使生产周期时间缩短,从而使大幅度降低成本成为可能。VI 活动相比较 CCC21 活动,开展得更为迅速并且更注重成本降低的效果。以 2008 年 2 月发售的皇冠为开端,VI 活动依次在各个车型中展开。但是 VI 提案中也有很多是只能用于一部分车辆的,老款车辆和后继车辆通过 VI 活动得到的效果是不一样的。另外,如果汽车换型之后,再一次的成本改革将非常难推行,还需要重新去寻找活动的切

---

① 编者注:一般用来表示投放的原材料和制成品的量的比例。

入口。

（3）紧急 VA（Value Analysis，价值分析），全公司 VA（Value Analysis，价值分析）

2008 年 4 月，时隔 15 年再次开展"紧急 VA"活动。当年，由于原材料价格的高涨以及汇率的变动，企业盈利变得更加困难。为了避免利润的减少，不但要降低车辆开发的成本，生产过程中也要严格把控成本。该活动 2008 年初在一些限定车型实施后，2009 年范围扩大到了大部分的车型。另外 2010 年开始，活动名变为"全公司 VA"，成为企业常例活动。事务局是 VA 开发部门。VI 活动的组织成员是从 EQ 推进部分立出来，独立指导 VA 活动。

车辆换型的时候往往会启用很多新的零部件，由于时间的限制以及经验不足，设计中也会不得不出现一些不必要的部分。因此下线后的汽车从成本面来看还是有不必要的浪费。如果经常出现这样的问题，那么短期的 VA 活动就达不到效果，于是改成了常例活动。另外，汽车小的变化也会用到很多新的零部件，这些零部件成本控制也需要 VA 活动。

但是在生产中为了降低零部件的成本，对模具、设备等进行改善会花费一定的费用，是否采纳要与成本降低效果之间进行权衡后来判断。通过设计的变更，对性能和可靠性等是否有影响，还需谨慎判断。模具设计的更改和供应商的变更等情况也是由 VA 进行跟踪，从而决定是否在下一个车型中采用。

（4）RR－CI（Ryohin-Renka Cost Innovation，良品廉价-成本创新）

从 2010 年 1 月开始到现在，丰田一直在推进一项活动，即与供应商联手共同追求世界最低成本，延续 CCC21 活动。委员会活动还是同样通过以零部件为单位的成本降低为课题，但哪个车型试用于什么方法等需要根据 VI 的反馈进行特化。虽然这个活动针对所有的车型，但从开发项目起每一个步骤都会进行明示，这样在充分考虑地域以及车体等特定条件的前提下,才能更容易激发出降低成本的好创意,也更容易得以实现。

设计活动的详细内容,第三章有描述。

(5) TNGA(Toyota New Global Architecture,丰田新的全球体系结构)

2012 年 2 月开设的"TNGA 委员会",是从 9 月召开的"TNGA 会议"更名而来。准确来说,会议比委员会的级别更高,但是本章采用的是广义的"委员会活动"。

2011 年 3 月丰田发表了全球化愿景——"更好的汽车制造",全公司围绕这个愿景展开体制的改革。2012 年 4 月,为了大幅度提高产品的竞争力以及降低成本,丰田又提出了新的制造方针"Toyota New Global Architecture"(丰田新的全球体系结构),并导入到汽车开发环节。也就是说,新研发的汽车底盘,不但满足了"行走""转弯""停止"等这些动力性能,还从人体工学的角度确定驾驶位置,追求设计的自由度,并在世界各地区推行共通化,使得具备高性能且高效的汽车被研发出来。新型汽车底盘是外观和结构设计部门协力进行开发,大到汽车骨架改良使得结构的重心降低,小到汽车踩油门的感受等,拥有人性化的设计和舒适的驾乘感的汽车被成功开发出来,这些都是过去不曾有的。

四、成本企划的海外开展

1. 海外事业部的成本企划

2014 年 3 月,EQ 推进部的人才派遣海外据点成立,分别为位于美国的 TEMA(Toyota Motor Engineering & Manufacturing North America, Inc,丰田汽车工程制造北美公司)、位于比利时的 TME(Toyota Motor Europe,欧洲丰田汽车)、位于泰国的 TMAP - EM

(Toyota Motor Asia Pacific-Engineering and Manufacturing Co, Ltd,亚太丰田汽车工程制造有限公司)三大据点。其中 TEMA 以推行车辆成本企划为主,位于澳大利亚的 TTC－AU(Toyota Technical Center Australia,澳大利亚丰田技术中心)以推行 VA 等活动为主。

相反,在当地录用人才进入 EQ(Excellent quality,优良品质)推进部,然后通过上课和 OJT(On-The-Job Training,在职培训)等学习成本企划的例子也有。特别是从 TMAP－EM 和 TTC－AU 中,各选一人作为 ICT(Intra-company Transferee,企业内部转职),在 EQ 推进部进行一年半至两年的培训学习之后再回到原单位发挥作用。

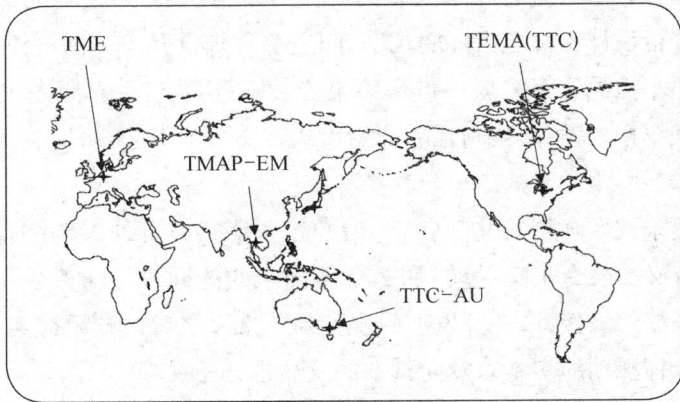

图 4-4 成本企划的海外据点

(1) TEMA 的沿革和成本企划活动

2006 年 4 月,作为研究开发的公司 TTC 和制造统筹的公司 TMMNA(Toyota Motor Manufacturing North America, Inc,丰田汽车制造北美公司,位于肯塔基州厄兰格市)进行了合并,成立了新公司 TEMA(本部在厄兰格市)。

TTC 是 1977 年为了在当地推进全美的研发业务而成立的,主要执行设计、产品企划等相关的研究开发业务。TEMA 设立后,其下的技术分支还是延续沿用 TTC 的称呼。1996 年，随着北美本地化的扩大，为加快决策速度以及运作效率成立了 TMMNA，主要负责北美各制造事业部质检的协作与生产支援。

　　TTC 的成本企划活动是在 1998 年开始的。当时是作为联络部门，以标杆车型为中心开展活动，直到现在它也成为 TTC 的一个强项。车担（车辆担当）业务是从 2 代的速乐娜（Solara）开始，还有之后 3 代阿瓦隆（Avalon）、2 代坦途（Tundra）、初代威飒（Venza）和 3 代塞纳（Sienna）也在沿用。车架和底盘基本都是总部设计，上部则由 TTC 来设计。根据设计分工的不同，机担（机能担当）也分日本和美国两部分。每辆车的成本核算的责任者本来只有一位，但是考虑到海外进行设计和机担指挥的难度，两边都分别设置了一位责任者，主负责的车担需要多完成一份最终报告。直到第 3 代塞纳，都是由总部担任车担，从第 4 代阿瓦隆开始正式转交给了 TTC 部门。

　　（2）成本企划的海外转移步骤

　　关于成本企划的北美转移，最开始源头来自海外采购。有生产的地方必然会有采购活动，那么在外部采购的同时伴随着成本活动也是必然的。接下来，开发部门也参与进来。之后，VE 研讨会、竞争车辆标杆活动的实施以及向日本的反馈也开始展开。

　　之前以零部件为主题的活动开展了近 10 年，现在以车辆为主题的活动终于在当地出现。比如之前提到的丰田在北美以车辆为主题的成本企划活动是从速乐娜开始的，时间是 1999 年的秋天。当时的车担是从日本调派过去的，之后的第 3 代阿瓦隆也是由日本人担当。从第 2 代坦途开始，第一次采用当地人员担任车担，但此人也是在 EQ 推进部工作了半年，学习过车担的经验，并且日语非常流利的人。选拔出不会日语、没有 EQ 经验以及车担经验的人担任车担，是从 2009 年第 4 代的阿瓦隆开始的。那个时候主任工程师也是由不会日语的当地工程师来担任。可以把这个看作是成本企划已扎根于

TTC,这时的车担业务已经开展到第 10 个年头,海外采购也经历了 20 年的岁月。

成本企划的车担要与主任工程师一起,从经营的角度带领全公司进行活动。从某种意义上来说,车担必须要把企业文化融入自身,如果不这样的话则很难让大家万众一心。反过来,这也是让车担海外转移不断推后的最主要原因。第 4 代阿瓦隆是从 2012 年 11 月开始的,TTC 的车担业务已有 10 年之久,终于可以采用当地不会日语的人担任车担,但想要成为丰田流的成本企划,还任重道远。

另一方面,机担比较早地实现了当地化。TTC 在成本企划部门成立的 1999 年春天开始,迅速展开了标杆活动。机担业务与车担业务不同,标杆活动(日本部长进行总指挥)是以当地员工为中心展开的。信息的获取、比较数据的分析、改善提案等流程标准化,几乎每年的改善提案都超出公司的预期。

2. 北美项目的成本企划

(1) 日本研发的北美项目

北美项目是指关于北美工厂车辆生产的项目。目前,每年(2009—2012 年平均)在北美市场上销售的丰田车约 200 万台,其中大约一半是在北美生产出来的。北美项目的市场采购由当地事业部门担当,开发则有日本研发和当地研发两种模式。成本企划和从前一样,日本研发则由 EQ 推进部担当,当地研发则由当地员工担当。

北美项目中由日本研发为主导的成本企划活动,由于语言环境的差异、时差、距离等各种阻隔因素,EQ 推进部及日本方的担当者与当地供应成员之间必须不断地进行沟通。包括日元升值的因素在内,北美生产的比率在不断增加。TTC 开发的种类虽然也在增加,但相对平稳,因此成本企划活动中,日本本部和当地供应之间的联系也在逐渐加深。

　　决定供应商(业务委托)是成本企划活动中与当地供应密切关联的一步,是业务委托时采用一种竞争模式,同样的图纸分别给不同的供应商进行估价,从价格、质量、稳定的交货期等方面进行评分,从中选出最有竞争力的供应商。

　　这个活动中会实施 VE 检讨会。EQ 推进部同时也担任协调者的职务。北美的 EQ 更多的是协助 CPD(Cost Planning Department,成本企划部)。不光北美,其他海外项目也是一样,语言沟通虽然是最大的难题,日本的设计者和美国的采购者之间也存在这样的问题。新的零部件特征是什么? 是怎样研发出来的? 零部件的成本目标是多少? 这些在国内可以轻松搞定的环节,由于语言阻隔、时空的阻隔等,很难准确地传递到海外,还是直接面谈才能更好地传达。因此 VE 研讨会在当地寻访的时候,不光要与供应商见面,采购者和设计者也要进行会面。一旦见过面,之后的邮件沟通也会变得更容易一些,TV(电视)会议的紧张感也会有所缓解。这一点非常直白但也非常重要。最终还是希望让员工感受到,工作是人与人之间的沟通与交流。

　　(2) 当地研发的北美项目

　　曾经在 TTC 任职的原 EQ 推进部的人说,在与当地 GM(General Manager,总经理)和 RR－CI 部门的人进行零部件成本目标对话的时候非常惊讶,因为 GM 部门的人说"与其花时间谈论目标,不如优先探讨方案"。在日本,丰田总部在讨论目标的时候要花大量的时间深入了解所有的关联者,首先就必须贯彻目标意识。因此绝对没有听说过上面的言论。当然 GM 也是充分了解车辆成本中目标讨论的重要性,但是成本降低中机担的作用是不一样的。在日本总部成本企划部的工作是设定目标。当然推动成本降低活动达成目标也是他们的任务,但是成本降低的主体还是设计部门。针对这些,丰田也提倡 TTC 各零部件成本担当积极主动去寻找可降低成本的零件。零件的发掘是一个重要的产出,结果可以降低多少成本也被看作是评价的指标。这与之前的言论也有所关联。

　　那么是否有 TTC 发挥优势的案例？首先有一个目标设定未经深思熟虑的案例,丰田的标杆活动有时候没有考虑到北美自身技术的长处和价格的优势。这里以 TTC 为例,关于某个零部件,一个非日系的供应厂家发表了一个非常有吸引力的生产方案。从前的做法是把各个小的部件生产出来然后组装在主要的零部件上,但是厂家新的提案是在生产主要部件的同时把其他部件一体成型出来。这一点被当地的员工注意到,并在生产中得以实现,使得该零部件的成本实现了大幅度的消减。因此由于时差、语言等的差异,收集来的信息也一定会大不相同,这时候成为地利的一部分。

　　还有一点,从日本的角度看可能是最佳设计,但是放在北美就不一定了。日本和北美联合生产的某汽车零部件,基础部分是用铝材生产的,表面需要处理。但是这种做法在北美并不常见,所以使得成本上升。后来北美在单独生产该车型时,这个零部件换成了合成树脂材料。因为对北美来说这才是最佳设计。联合生产汽车时,成本增加往往是因为直接采用了日本的设计。但真正当地化所追求的目标应该从工艺、部件构成、材料等各方面下功夫,追求产地的最佳设计才是充分利用了地利的优势。

　　另外,即使同在美国,东海岸和西海岸也有 3 小时的时差,光加利福尼亚州就比整个日本国土面积还要大,因此成本企划中物流成本也占了一大部门。工厂选址的不同,实际物流成本可能会有数百美元的差别。这也对供应商的选择有着重大影响。特别是对于物流较为复杂的零部件,这也是降低成本的关键。而这些在日本是很难被发现的。

3. 海外事业部的产品企划
　　接下来,介绍海外事业部的产品企划活动。追溯海外产品企划的存在,最早当然是北美。北美的主任工程师,主要从事北美特有车型阿瓦隆、威飒的研发。欧洲也有产品企划部门,但还不能独立进行车辆研发。此外,泰国、中国台湾、中国大陆、巴西、南美等地都有类似于推进产品企划的担当部门。他们主要在当地进行竞争车的对标活动、现场调查业务的援助活动等。成本企划职能的完备也同产品企划一样,是先北美后欧洲的顺序。但是,之前说的当地供应职能是每个国家都拥有的,因为当地化的调查是势在必行的事情。

全球化的卡罗拉,产品企划和设计都是以日本为据点展开的,但是生产据点遍布全球。2012 年 7 月,卡罗拉在全球拥有 12 个生产据点,再加上奥利斯(Auris),一共有 17 个生产据点。如果主任工程师每个月去一个据点出差一次,一年的时间也不够用。这种日本据点向海外的扩张,通过当地化降低成本的模式,以及与海外事业部之间的关系接下来会进行说明。

(1) 北美现号卡罗拉开发时的事例

卡罗拉车型的设计图纸全球都是基本一致的。海外据点的工厂及供应商以日本的设计图纸为基准,判断是否能够生产。丰田在正式图纸发出之前还会先做一份 SE(Simultaneous Engineering,并行工程)图,让海外生产据点对生产条件等要素进行确认。如果需要在外部采购的零部件,这些生产要素也要编入图纸。虽然非常花费精力,但这也是卡罗拉海外生产必经的一步。

北美是率先开始研发小轿车的,之后,东盟、南美、印度、巴基斯坦也开始涉足。即使要抑制成本,北美也是要求充分进行成本分析的。当时,北美出现了供应商组织内部的体制变更,虽然通过邮件、TV 会议等与采购进行沟通,但还是出现了意见疏漏。结果当地接收到的是邮件、TV 会议等表面意思的信息,日本部门的本意并没有很好地传达出来,导致业务停滞不前。知道这个状况后,主任工程师决定每月去北美走访一次,跟踪成本估算的状态,再根据情况把设计者也带去现场,在现场召集责任人开展临时会议进行决断。通过这种定期走访,不但鼓舞了当地采购,也使得与设计人员之间的障碍通过"愿闻其详"的方式得以消除,主任工程师可以更好地把信息传递给日方,工作效率大大提升。

不光成本,为了更好地在当地推进项目,有时"面对面碰撞的交流"是非常必要的。百闻不如一见,在这之后,当当地出现了问题,首先就是进行现场确认,然后找到更好的沟通方式去解决问题。

（2）欧洲的地域共通化案例

下面列举奥利斯(Auris)从 2008 年到 2009 年的开发实例。欧洲在经济危机之后,通过量产来节省成本的方式已经行不通了,必须寻求其他的出路。于是,丰田推行了奥利斯和雅力士两款车零部件的共通化,实现量产的可能,从而降低成本。这也是研发据点在日本、采购据点在当地的一种模式。当时,为了实现零部件的共通化,欧洲的 TME 成员全都奔赴各个公司进行对标。甚至分析大众和标致是否实施了共通化,而且当地的采购必须提交出奥利斯单独生产和量产两份报价并进行比较,在认识到差距的基础上,为降低成本,进一步挑战共通化。为了更好地在日本和欧洲之间进行沟通,主任工程师多次奔赴欧洲,不仅在当地召开会议,同时为把握进度设置结点进行跟踪管理。通过这些,大约有 230 种零部件被列为共通化对象,零部件的成本降低目标也制定下来。

以上两个事例的启示,总而言之就是与当地进行良好的沟通是非常重要的。仅从日本发送邮件、打电话等来安排工作,往往不能现场感受到最真实的想法。只有亲身前往,面对面地进行对话,并把内容消化理解,才是真正成本当地适用的模式。

有时候,尊重当地的文化差异也是非常必要的。去到当地了解实际困难,把日本总部的想法亲自告诉他们,与当地企业进行心与心的沟通。当遇到问题时去到他们身边给予帮助,反过来他们也会支持并追随总部的步伐。将心比心,才能与当地构筑相互信任的沟通平台,这是最为重要的一点。

4. 开发的全球化

就像生产和销售的全球化一样,开发也开始了全球化的步伐。丰田提出了很多全球化的方针,如"推进以地域为主体的管理""当地采购、生产、销售(当地产当地销)""向研发反馈当地的意见和想法"等,2020 年丰田提出全球化愿景——"当地的丰田要构筑符合地方风土人情、能自主运营的结构体系"。为了"更好的汽车制造",海外 R&D(Research and Development,研究开发)以各地域的需求为基础进行自主开发,并充分发挥地域优势,为丰田的全球化做出了贡献。

从总公司 R&D 进行"人""技术""资金"的援助体制,不但对当地的品质提升活动和降低成本活动有利,也能获得当地人员的理解,创造出好的成果。采取当地采购的零部件成本降低活动中,从原材料的供应到生产加工,甚至到思维方式,熟知海外 R&D 的当地人员是必不可少的。只凭日本的做法是行不通的,与当地的共同协作才是必经之路。

案例4　成本企划的实践：打造有竞争力的成本

按照车辆的发展过程,介绍一下制造成本(自加工和外购品)的成本降低活动。首先要了解在"成本降低"活动中,成本有哪些存在方式。

例1:某个零部件,制造它所花费的全部费用除以它的生产个数所得的值,就是一个零部件的成本。那么,假设A公司和B公司都生产同样的零部件x。如果他们的成本分别是A公司105元,B公司108元,出现这样的差别是很正常的,成本不可能都一样。究竟哪个是真正的成本? 或者应该向哪个公司订货更好?

例2:如果生产一台车所花费的所有成本、各项费用等加起来,这个数值可否作为车辆开发的标准?

针对以上的两个问题该如何作答? 在汽车的研发项目中如何对成本进行规划,如何降低成本,这在市场竞争中是至关重要的。当然成本是客户看不见的,往往只是通过汽车的售价高低来判断。所以,产品的价值(价格)是由客户(市场)决定的。丰田成本主义的基础就是,以市场定价(也就是可以让客户满意的价格)为基准,减去必要的花费、利润(经营的必需项),剩下的就是"应有成本"。成本是开发、生产中消耗的综合费用,也就是说,"成本企划"是使现有成本接近"应有成本"的过程,其中一个达成办法就是降低成本。

本文中的案例,想要说明成本企划的思维以及降低成本的切入口,也希望得出前面问题的答案。找到哪怕一个降低成本的切入口,把"降低成本究竟是什么"的想法作为在工作推进过程中的启示以及改善的线索。

（1）成本降低活动的对象

降低成本活动的对象大致可以分为以下两方面，即现在正在生产的汽车的成本以及未来将要生产的汽车的成本。

① 分析现在所有正在生产的零部件，提炼出问题及课题，寻找解决对策（降低实际零部件的成本）。

② 车辆开发项目是以每一种零部件成本企划为开端的（也就是"降低虚拟零部件的成本"），为达成项目推进成本改善活动。

其中，成本企划主要是对成本还未固定下来的②车辆开发阶段下功夫，在这个阶段，各职能部门从各个角度进行成本降低活动，比如车辆轴、零部件轴、加工工序（shop）轴等。哪怕降低 1 元钱成本，也要把设计部门、采购部门、生产技术、制造部门的提案集中起来，职能部门之间相互协调去推动。也就是纵轴、横轴的项，有时候也加入第三次元的项，共享课题，共商对策，进行项目的横向展开。成本降低的提案不能仅局限于某特定职能部门，这一点至关重要。为了使所有的职能部门相互作用，健全运作，要以开发总责任的主任工程师部门为中心，随时设立跨越部门和职能的委员会及 W/G（Working Group，工作组）等。对"成本降低的各要素"进行"可视化"，并且信息共有，立即执行。

（2）趁"未成形"打造成本

汽车的开发，每个阶段不同成本的起伏变化也很大。开发初期，当然都是关于汽车本身功能、性能、设计等的试行错误研发，这些是必然的成本。每天都在变化着的成本就像生命体一般。成本说起来简单，但它是由上万个零部件一个一个累加起来的，还有成品车的物流成本,成品车之后也还会发生成本。零部件也分自加工和外购这样的背景区别,成本的变动要素多种多样。这些都会随着车辆开发的推进过程由"未成形成本"变成"确定的成本"。为了开发出具有产品力、竞争力的汽车,如何适当地创造并且控制这些变化,对打造有竞争优势的价格成本至关重要。

在认识到这一点的基础之上,我们先来了解一下车辆开发过程中的成本企划流程,然后根据每个阶段去考虑"如何思考,找到切入口,使得成本达到最佳水平"。首先成本企划的五个阶段,从打造成本(成本降低)的角度来看,每个阶段还可以再细分。图 4-5,展示的是从"CP"(Concept Planning,车辆开发的概念设定)到"量产"(号口化)的成本状态确认点(方框)。每个结点读取零部件的成本进行汇总,共享并判断一台车的成本及利润,从方框中的 A 到 H 为止都必须严格降低成本,实践所有的成本降低活动。下面介绍在 A~H 的阶段中,具体应该如何打造成本。

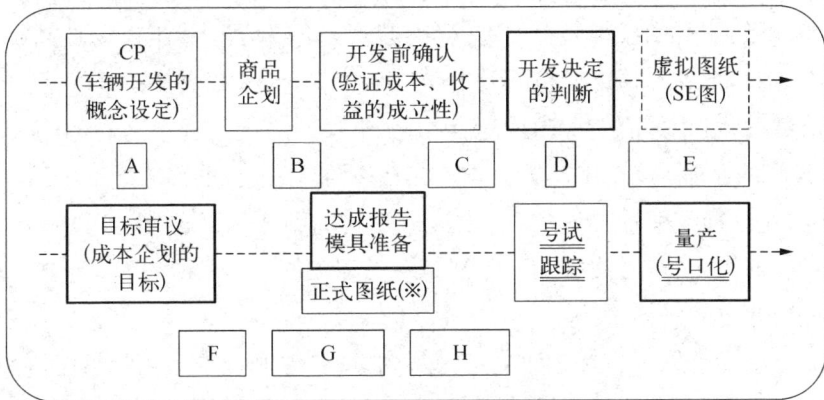

图 4-5 成本企划的流程

① 概念阶段
对车辆开发的基本概念、式样、性能等进行企划的阶段。这个阶

段成本还属于假设阶段。为了对开发中的车辆进行成本企划和构筑,把成本基点或把比较对象的量产车作为基准,对开发车辆的偏差进行修正,再大致推算出成本。这个时候,主任工程师、产品开发部门的主查担当和成本支援部队的 EQ 推进部暂且不需要进行成本的估算,而是先让产品企划具体化。目前还不是降低成本活动的主要阶段,应该先斟酌车辆必要的样式等,也就是基本规格的取舍问题(比如,涡轮增压、发动机种类、车盘构造等),仅限于这些。

② 概念和成本的检验

商品企划阶段,把最符合产品概念的规格、性能、设计理念具体化,具体到每个零部件规格、性能等。以这些信息为基准,从市场必要销售价格中扣除必要的利润,从而得出"必要的成本"。同时作为丰田的零部件成本预算,要计算可以量产时的零部件成本,把它与必要成本之间的差距作为目标课题寻找解决办法。

这个阶段还没有开发车辆的设计图纸,因为只是把基本规格与其他车辆相比较,进行预算修正,所以成本的精度还是有限的。另外,虽然这时的成本还存在弹性(有起伏),但为了计算出市场必要成本,把这个作为最低限的标准也是必要的。实现手法是在开发决议前后,通过相关职能部门推动具体化,执行完成度是通过之后的相关职能部门的活动来提高的。为了在初期阶段看清楚开发车辆的达成性,在这样有弹性的成本中,比较必要利润和适当的成本,正确认识目前的课题,这与之后的工作都是息息相关的。

③ 面向开发决议

成本企划的目标大致确定,课题的重要性明确之后,要具体探讨设计内容,则需要计算设计人工数。这是由设计的担当者来执行的。这时虚拟的 VE 活动开始了。

各设计者,还有零部件轴中横轴中担当零部件主查的人员也参与。

- 对其他车型曾有的 VE 提案进行汇总,发掘新的提案
- 担当零部件的设计和品质提高
- 检讨新的技术及生产技术的采用
- 与其他车型的共通性
- TNGA 的上部概念统合效果
- 担当零部件规格和性能的最优化等

从各方面提出与降低成本相关的提案,都是以一日元为单位计算的。通过这些活动,一辆车的成本也基本成形,然后再提交到全公司进行合议。

④ 开发决议后:活动的旗帜

这个阶段,全公司职能部门进入降低成本的决胜时期。度过开发决议的关卡,各零部件担当的设计科室要针对零部件展开假设性的成本达成活动。主任工程师作为车辆开发的主导,不但要发挥统帅作用,还要从成本降低活动的角度出发,组织好横轴与纵轴的各职能部门。

⑤ 面向目标审议:成本降低活动的具体化

这个阶段,也开始向外部采购零部件,成本降低活动进入新的阶段。总体来说,这是公司即将进入一个内外部联合行动的极为重要的阶段。

在这个阶段,产品企划(Z)职能、设计职能、采购职能、生产技术职能、自制工厂(包含海外据点)等各个职能部门都要配合 VE(Value Engineering,价值分析)等对成本降低进行深度挖掘,部门间互动协作。这个时候各个职能部门的活动内容列出如下。但是,这个活动之所以能够沿着大的方向推进,并不是有指南这样的东西,而是依靠各职能各担当的士气、领导者的综合能力才能取得显著成果,要注意

这里并没有什么千篇一律的模式。

【"设计部门要提高设计品质,彻底筛选 VE 提案"】

• 好品质是以安全为前提且价格优良的设计。

• 追求能够实现零部件目标性能,以及简单高效且优质的零部件设计企划。

• 材料置换(灵活使用价优且通用的材料 VS 通过高性能材料使得零部件性能提升、加工工序缩减)。

• 根据生产技术等实现直通率高和品质优良的设计构造。

• 充分考虑到与周边零部件相关联的设计构造。

• 零部件的共通化、共有化,零部件品种的消减。

• 采取新结构、新技术。

• 产品力的提高,与成本相匹配。

• 发掘和评定新的供应商,通过 BMC(Business Service Management,业务服务管理)活动等维持和提高零部件的竞争力。

• 通过量产车辆的成本降低(VA:Value Analysis,价值分析),发掘新想法,并横向展开,进行车辆开发。

【"设计部门、采购部门、生产技术部门的合作"】

• 为达成设定目标,先设定一个具有挑战的采购选择目标。

• 开发新厂家等,采用时代领先的技术、成本、品质。

• 为了实现以上两点,对委托厂商采取技术评价、合理订货、优胜劣汰。

• 进口、间接进出口的探究。

• 采购的选择和集中(生产聚点集中,推动当地生产)。

• 与采购相关的标杆活动。

• 通过成本构成、分析确定活动的重要性及优先顺序。

【成本、规格评价】

• 物流、搬运箱的改善。

• 价格的适当性评价(例如,一物一价的比较、量产的效果、市场的变化、买方的决心、决定价格标准的修正、方程式化)。

• 加工费等其他费用根据科目的评价进行适当的标准化(例如,人机率、出成率、直通率的合理化、品质管理成本的合理化等)。

• 规格的合理化,针对性能的代价评估、同位性能的成本评价、性能×成本的分布分析。

• 供应商之间的实力差和中长期的竞争力评价(经营、技术、品质、交货期、可否国际化对应等)。

【制造的功力】

• 生产线的效率化(例如,生产线的短缩、出成率的提高、生产效率的提高、加工时间的缩短等)。

• 品质基础的改善(样品的改善、零部件入库标准的改善、不同车型相对应的品质管理等)。

• 自工序完结的强化、彻底执行"在自工序打造品质"。

• 降低库存。

• 降低损耗成本,提供实质性劳动比率。

• 多能工化,推行自动化。

• 新生产技术的开发、导入。

• 设计最适合的加工工序及加工能力。

• 区别使用通用件和专门件。

• 合理选择自主生产品和外部采购品。

• 降低内部工厂、海外据点的总经费等。

【外部采购品的成本降低活动】

• 为推进成本降低提案的目的、目标共享。

- 提高成本企划预算的精度和 VE 提案活动的着手准备。
- 通过现场推进工作及工序的改善活动。
- 针对期待成本展开工作的可视化。
- 开展好产品、有竞争力的产品提案活动。

所有这些活动同时由多个部门一起协作来推动。这些活动也只是成本降低活动的一部分。到了目标审议的阶段，相关职能部门要团结一致，提高成本实力，选拔出来的成本降低方案要贯彻到底，明确目标推进活动。

⑥ 目标审议：成本企划目标的全公司展开

目标审议是要把公司成本降低活动中目标明确的项目进行重新审议，是车辆部门对最终成本目标的确认工作。在这里要确认车辆的设计成本、收益目标等诸多"成本设计图"。在这之上，把全力贯彻以上的成本降低项目作为前提，对构成设计成本的所有零部件下达明确的"成本企划目标"指示。成本降低项目按照可行程度评价为A、B、C 三个水平，实现可能性 A 是 100%、B 为 50%、C 为 20%，在考虑出成率的基础上计算出这个时点的实力，是以所有水平都能实现为前提设定的目标，VE 则以必须达成为目的进行活动。尽管从每个零部件看起来，VE 的难易度有差别，但是作为获取成果的环节，相关职能必须秉持自觉和责任心，将工作带入最后关头。

⑦ 达成报告

以零部件为单位的成本企划目标发送（EQ 推进部）之后，相关部门的达成活动也开始通过"可视化"来推进，并且持续性地召开 VE 讨论会（Z、EQ、设计、采购等），针对现实问题采取对策。VE 提案中，A 栏的项目当然是要积极执行，B 栏则要针对 VE 项目的阻碍因素想对策，以达到 A 栏的效果。对于 C 栏的提案，相关人员也要积极采取同样的行动，哪怕只是节省 1 元也要努力达成目标。

这些活动通过不断设定目标并完成,最后进入达成报告阶段,这些活动的结果要尽可能多地反映在零部件的"正式图纸"里。正式图纸应该是达成报告不断的累积,也可以说通过对设计图纸的反应,现实的设计成本也得以改变。因此,把图纸反应阶段作为重要的里程碑不断努力,很多项目必须迅速去判断和决定。当然,也有与设计职能毫不相干的其他成本降低项目,这些也几乎同时定下成本目标,使得达成报告一气呵成。在这个阶段,成本大约99%以上被确定下来。

⑧ 磨具准备: 量产前的追踪

达成报告之后,开始图纸的细节调整,这时会有一些先前VE的修正或者成本的反弹。成本的变动应该越来越小,几乎接近"固定的成本"。以达成报告为基点,细微的变化也应该可视化,对于成本的弹性要寻找应对措施。VE效果的扩大,哪怕细小的VE项目从提出到磨具的着手准备,都不能怠慢。而且要时常保有"成本是有生命的"的意识,预测变化,尽可能地想对策,实现量产时的成本目标。

量产(开始)大约3个月以前进入量产的试行阶段。可能会有想不到的成本变动风险,但是为了降低这些风险,必须把达成报告中保有的1%的浮动成本再缩小。追求量产时的成本,则要尽早提高成本的精确度,这也是关键所在。

(3) 量产(号口)化以后的成本降低

之前谈到的都是量产前以成本降低为目标进行的活动。进入量产后,与车辆企划阶段不同,实际的物品要进入生产线,这就意味着"确定的成本"会作为现实问题发生的阶段。针对这样的成本降低,全公司各职能部门应该在每日的工作中持续进行改善,以下列举一部分改善内容:

第一,进入量产之后的对策。针对生产线实力的不足,打造安全易操作的安全职场,培训生产技术的熟练性等,制造现场和生产技术、物流部门作为现场的主体,积极执行生产性向上活动和成本改善活动。

第二,从品质合理化的角度开展改善活动。随着量产的推进,熟练度也会增加,为打造必要的品质进行工序的改善等,各职能、工序等致力于自工序完结的课题。安全且高品质,是在成本降低的过程中要持续努力进行的课题。

第三,采购成本的改善活动。与前面论述的相同,作为供应商也要通过制造改善提高生产效率,应对市场竞争中价格新课题。供应商要与丰田共同面对成本课题,生产有竞争力的汽车。对于丰田,采购成本的改善是与供应商稳定、可持续共同发展的重要活动。

简单总结以上来说,成本是不断变化的,不管是在汽车的企划阶段还是之后的生产制造阶段,都应该不断地追求成本的改善。

专栏4　成本企划的管理要点

　　成本企划应该由谁、如何去管理？车辆的规格、要求特性是以主任工程师及其成员为中心决定的。销售部门把客户的意见、市场的预测反馈给主任工程师。主任工程师确定了大致的图纸后进行零部件成本的估算，然后确定最终售价。生产技术和财务部门对自产品零部件进行成本估算。这时，技术部门中作为成本企划主导的 EQ 推进部主要做什么呢？主任工程师和设计、主任工程师和采购、设计和采购、主任工程师和生产技术、主任工程师和经理，这些全都隐藏在 EQ 推进部的职能之中。

　　成本是不断变化的，换句话说成本是有生命的。不断进行成本改善是必不可少的一环，但并不是简单地降低价格。制造作为一项生计，成本降低也必须是以满足客户价值为前提的。只有生产出让客户满意的产品，才是企业，以及这个社会所期待的。正是因为这点，我们现在所有的工作才得以成立，这点必须铭记。只有每个组织和个人都深刻理解这一点之后，才能构筑合理的成本结构。良好的组织管理是极为重要的，成本企划只不过是这个过程中的手段而已。

　　为了让这个过程更加合理，更加有效，管理者必须留意以下三点：

　　　　① 大处着眼，小处着手。汽车的成本是由各种各样的零部件一点一滴累加起来的。随着职能的细分，开发项目中对汽车制造的认识会存在发生疏漏的风险。为了不失去汽车的整体性，防止发生偏移，公司的全面管理以及个人意识的提高都是持续发展所必不可少的。

　　　　② 团队协作非常重要。众所周知，汽车制造是有多个产

业、企业、人员一起协作来完成的事情。日本汽车制造有一个特征,每一个工作都可能是暗默知识,也有可能是标准化、共有化的知识,并且通过不断改善得以推进。"汽车制造"为降低成本,领导和成员之间一定要共享目标,利用各自不同的经验,最大限度地发挥出团队的力量。

③ 降低成本的关键是"现地现物",然后是"人才培养"。把握成本、明确目标、选定课题、边执行边向前推进。正是有每一个人的努力及不断成长,才能使质量提升,与成本降低也密切相关。在成本降低活动中,更能体现出"现地现物"的积累,这样才是智慧的源泉。

阅读4-1 丰田汽车成本企划的发展

1. 前言

日本企业中的成本管理活动,经历了从二战前、二战、战后复兴、经济腾飞、石油危机、泡沫经济等,以及现在的世界经济不景气,在这期间日本企业呈现出反复"持续""非持续"的发展状态。

这里所提到的"成本改善",是从长期利润计划反过来进行推算,以成本改善计划为基础,计算出各个部门应当承担的改善额,并监管其行为,以促使"改善活动"有效实施。

另外,"成本维持"是以成本计算制度为基础,设定一定的成本标准,缩小实际成本和这个标准之间的差距就被称为"综合管理会计系统"。

成本改善和成本维持,是反映出日本企业甚至日本社会文化特质的"日本管理会计",可以说具有重要的意义。"统合的管理会计系统"是在战后确立,而它的雏形其实在战前就已经形成。

1960年的成长期,设计阶段的成本管理都称为"成本企划",生产开始之后的数月称为"成本维持",再之后就是"成本改善"。像这样把产品开发的步骤按时间划分,分别设计其计算体系(成本企划是根据差额确定成本目标),与"计算空间"和"管理空间"相分离的"组织结构"由此诞生了。

1980年,成本维持和成本改善相互渗透。2000年左右,上面提到的三种成本管理体系也相互渗透并发展,作为可行的成本概念,利用绝对值的方法"成本企划"诞生了。

在这里,丰田主导的制度化成本企划及改善活动,是以改善为基础,以成本改善活动和成本维持活动为焦点,并且与预算成本相关联。特别是1980年成本企划和设备投资企划分开后,对成本维持、改善产生了影响。1990 年以后,成本企划从差额方式向绝对值方式转变,同时也开始导入工厂总费用管理等成本管理概念。这些活动验证了成本企划、成本维持、成本改善的相互渗透和发展。

另外,以成本改善为中心,通过对成本维持和成本企划的"实践","实践"中蕴含的"理论"或者"原则""规则"等也呼之欲出,新的知识得以生产。

这里运用的方法论,采用了最近欧美的战略论和组织论以及管理会计研究中开始受到瞩目的实践基础研究。

2. 成本企划的生产发展

(1) 成本企划的初期阶段

说到成本企划的历史发展,从不同的角度可以有不同的解释。因为成本企划根据不同的企业会产生各种复杂的经营管理系统。

1960 年初,成本管理分为"成本企划""成本维持""成本改善"三个阶段,每个阶段都要采取不同推进方法。这里不是单纯地从模块进行的区分,而是根据实践得出的结论。也即是说,1950 年开始从美国导入预算控制等管理会计技法,从期间损益计算的观点转变为抑制车辆成本上涨的"成本维持"。追求成本维持活动的基准值(标准),尤其是成本的标准值——标准成本(丰田叫作基准成本),是非常必要的。

1961 年,丰田展开损失费、返修费以及索赔费用等不良品减半活动,并且把供应商加入到制造阶段,"成本改善"也开始导入 VA(Value Analysis,价值分析)体系。同样在 1961 年导入了 TQC(Total Quality Control,综合质量管理),为获得日本工业品质管理奖而努力。成本企划、成本维持、成本改善三个被细分的成本管理在"品质管理活动"的统筹之下相互关联,从产品企划到销售,各个阶段的成本管理活动内容也被重新审视。其中也包括,从"仔细检查的话品质就能

提高"到"品质在工序中打造"这种大跨度的思维转变。以及按不同
职能,推进成本管理和品质保证这两大支柱的职能管理。这些活动
在企业内部的公式文件《成本管理规则》中有记载,产品企划到销售
每个阶段的成本管理都是制度化的。

　　另外,成本企划首次适用于具体的车型是在 1964 年发售的卡罗
拉 RT40 型汽车,只在代表性的一种限定车型上进行了成本企划的探
讨,这个活动只限定在一个很小的范围内。

　　(2) 主查制度、系列制度和成本企划

　　车辆担当主查制度(现在是 CE 制度)对丰田的产品开发具有重
要意义,1966 年发售的卡罗拉的开发,以主查以及协助主查的成本
部门为中心,按照开发日程进行了成本企划。销售价格确定之后,把
减去目标利润得到的容许成本作为目标。以这种"市场主导"的思维
来推动成本企划的想法,最早可以追溯到通产省受到大众车构想的
影响,于 1961 年发售的 Publica 车型。

　　也就是说,Publica 车在试验阶段就设定了"1 000 美元汽车"的
售价目标,企划阶段开始探讨其成本。并且,采购部门对供应商要求
"3 年降低 30%的成本",这样也使得供应商参与进来,成本企划的原
型诞生了。

　　但是,成本企划的实效性,是以 1963 年三丰会(共丰会、精丰会、
荣丰会)为中心的组织结构的确定为标志。有了这个会议,协作企业
成为一个整体进行企业活动,使得成本企划的根基变得更为牢固。
这也是 1969 年卡罗拉的车型换线过程中实现的。

　　田中把 VA・VE(价值分析・价值工程)的导入及其目标与成本
企划的"起源"关联起来,从初代卡罗拉的开始追溯的话,"目标销售
价格的设定——→目标成本的设定——→成本降低的目标细化,这是成
本企划的基本结构",如果从这个点来看,Publica 的开发过程也是按
照成本企划步骤进行的。

　　但是,成本企划并不是计算成本目标,或者以细分方法为主的"计算体系",而是以产品开发小组为中心,设计活动中的各种达成活动的组织行为(管理体系),这一点必须引起重视。

　　从日本的品质管理发展轨迹来看,是从美国导入 SQC(统计的品质管理)和费根堡姆(A. V. Feigenbaum)作为 TQC(综合品质管理)的基础。QC(质量管理)小组首次参与到现场作业人员当中开展全公司的品质管理活动,只关注计算方式是远远不够的。

　　同样,VA・VE 本身也是从美国导入到日本的,但是接受程度不一样,从行为来看企业或个人活动的话,美国的 VA・VE 存在完全不同的因素。因此,"如果把适用于 VA・VE 的成本管理作为标志的话,成本企划是从美国发源的",这句话并不完全正确。因此,在探讨 Publica 和卡罗拉之前,首先要弄清楚日本 VA・VE 的特征,以及它与成本企划之间的关系。

　　(3) 成本企划体制的确立期

　　1967 年,"成本企划实施规则"制定,成本企划开始在全公司制度化的推行。1975 年,丰田在技术管理部设立了成本企划课、生产技术企划室、财务部、采购管理部等部门,成本企划体制得以充实和强化。

　　以前只有设计、采购、财务及生产技术部门人员参与的 VE 推进工作,现在变成各工厂的技术人员、技术部内部的试验部门和材料部门的技术人员都参与进来。这也让成本改善和成本企划相互关联的趋势更加明显。

　　1980 年开始,丰田以生产技术部门为中心对"设备投资企划"进行完善,对现有设备的有效利用和生产效率的提高、自制品造机及造型能力的利用、设备的样式等进行了重新思维。把之前成本管理的"成本企划""成本改善""成本维持"的三大分类变成了"成本企划""成本维持・改善""设备投资企划"。与之相对应,采购部门对设备彻底贯彻 VA・VE，重新提出改善目标，并且表彰优秀的供应商。

1979 年 8 月，特别项目结成，开始展开 FF 前轮驱动相关联的性能零部件的成本企划活动，这次不是常规化的成本企划活动，而是导入了"特别项目方式的成本企划"的新模式。

1981 年开始，随着第二代小福星（Starlet）的发售和中置发动机车的采用，从主查构想阶段开始，丰田力求从商品力、台数、价格的综合平衡中寻求成本目标，源流管理的趋势增强。对于主力产品，比发动机等零部件更进一步，开始从细小的零部件中设立各自的成本目标，也就是这时开始提出了以零部件和设计者为单位的成本目标概念。

另外，第二年开始，小福星成本企划推进委员会开始行动，从开发初期阶段开始，不仅得到了生产准备、购买、经理部门，还有车体制造以及供应商的大力支持，开展实施了成本企划和零部件研讨会。

（4）产品开发组织的变革和成本企划

1992 年，丰田首次推行了产品开发的彻底改革，随着开发中心制度的推进，成本企划改革也开始进行，在这之前成本企划制度被大幅度扩展。首先，1989 年 8 月，丰田对组织结构进行了大的变动，变成了平行化组织。由此，部门由 173 个增加到 177 个，而课室由 758 个减少到 638 个，副课长以上的管理职从大约 1 800 人变为 900（室长以上）。另外，车辆担当主查（现在的 CE）必须管理的部门，1976 年有 6 个部门 23 个课，1991 年有 12 个部门 48 个室，1992 年有 6 个部门 15 个室，逐渐递减。

进行组织变革的理由主要有两个。第一，从前主查必须与许多的关联部门进行管辖活动，随着会议等协调活动的增多，决策很难灵活地展开。另外，产品设计的品质低下也被指出。因此，由跨职能的团队来进行设计开发的日本开发体制也起到了反职能的作用。

第二，随着次长级别主查的录用，职能部长的权限差别也由此产生,也可以看出这是在弥补主查相对低下的地位。这一点,从克拉克和藤本的观点来看,重量级的生产管理者,比如丰田的主查制度以及日产的主管制度等,在日本汽车行业中的优越性,放在如今已经不适合了。也就是说,现在职能部长和生产管理者之间的关系仔细来说的话,已经不存在"重量级"的了。

以主查为中心每个项目组独立运作的时候,一方面项目间的信息难以共享,零部件的通用化难以实现,成本企划的实效性就会出现问题。为了解决这个问题,开发要采取多重项目的方式。

这个方式的采用,要以零部件重组战略为基础,成本企划时彻底采用基本型的汽车底盘,通过这种适合于各种研发小组的方式,使得开发周期缩短,并且成本企划的源流化也逐渐得以实现。

丰田的开发中心制的转移,这一点也是可以预见的。到目前为止,技术管理部中的成本企划部门,移动至 FR(前置后驱)车、FF(前置前驱)车、商用车、RV(休闲)车以及共享技术的四个开发中心里的企划部,每个中心以建立自己的成本企划实施体制为目标。这样,零部件的共通化等活动(特别项目)就不需要再去推行了,"打造成本"变得更加彻底。

(5) 委员会制度的导入

2000 年,丰田开始了打造零部件成本竞争力的成本降低活动,被称作 CCC21。这是由从前设计成本中的可变部分为中心,重新进行成本企划的活动。丰田否定现状从零开始,把世界竞争力第一的产品制造作为自己的目标。

CCC21 活动主要从 173 种零部件入手,2002 年扩大到 192 种。每个零部件都分别设定战略目标,使研发、生产技术、采购、供应商"四体合一",以车型为横断面推行活动。每个零部件的成本目标要比世界最低价再减少 10%,2000 年 3 月整体的购入单价要下降 30%。

以前工厂生产部门的成本一般全公司以统一的工数为基准,再根据车型的大小和台数进行分配。保全费等也是全额同样按照车辆进行分摊。这种被认为是"粗放计算"的分配手法之后被否认。研发、生产技术、采购、供应商要从概念开发的阶段开始,共同推出好的提案,展开零部件采用活动。以"材料费、加工费减半"为口号,彻底达成成本消减目标。

1998 年开始的新一代卡罗拉车型的开发项目中,各部门的次长级别组成实践部队,采购、生产技术、开发、财务等 10 个担当者组成 EQ 委员会,开展"现状否定活动"。在卡罗拉成本消减活动中,CCC21 被认为起到了推动作用。

(6) 差额方式向绝对值的转变

冈野提到,成本企划与现在管理会计系统之间可以画一条线。从特征上来看,成本企划是市场导向计算(逆算)和技术导向计算的融合。从发生成本到决定成本的重心转移,并不是"不同地域"或"不同部署"(不同人),而是"不同物品"的计算,以及管理体制、成本、品质、交货期、效率性、环境等因素的同时达成。

近年,随着生产据点向海外转移,零部件显现出当地采购的必要性,国内生产品也进一步通过成本的下降,来构筑具有国际化优势的成本。随着企业活动的国际化脚步,之后的成本企划的性质将会发生怎样变化? 下面主要针对计算系统的变化进行介绍。

首先是有可能从跨越"地域"的"虚拟计算"到"地域"和"人"相互融合的"实体计算"的变化。海外据点因为生产的产品有限,产品的核算与事业体本身的存续直接相关。也就是说,之前所看到的量产以前(成本企划阶段)的成本概念和量产以后(成本维持、成本改善阶段)的成本概念会有很大的出入。以开发为首的量产前的计算和量产后的计算是分开独立运算,分别展开自己的 PDCA(plan-do-check-action,计划-行动-确认-处理)循环。

　　支撑这些活动的是从差额方式到绝对值方式的转换。目前说的成本企划,就像之前提到的是以原单位管理为焦点,在图纸上比较到底可以降低多少成本,除了新的零部件改善,也要把流用零部件的成本及市价和其他的条件都固定下来。因为这是设计者所不能控制的外部因素,除去这些才能调动设计者的积极性,差额方式也是为了对他们的努力做出正确的评价。

　　但仅仅是在图纸上进行努力来达成挑战性的目标是非常难的,因为其他的固定条件对结果收益产生的影响越来越大。所以,对新产品的目标成本从现在的差额变为绝对值,也就是"绝对值方式"。随之,从采购部门的采购零部件的改善活动,到生产效率的提高,销售经费、一般管理费用的消减等,还有一些从前成本企划中没有提到的内容,目标对象范围不断扩大。

　　另外,有了绝对值的方式,设计阶段、生产准备阶段还有生产阶段的成本数据,通过比较,各自的贡献度一目了然。同样,日本以及海外生产据点的成本也可以这样进行比较。

　　但是,如果再回到"地域"的计算,之前技术导向中成本企划中的预估成本等的精度以及与 VE 的关联性也会大打折扣,这也是目前残留的问题。冈野还提到了会计"不可视性"的对策方向性等,需要探讨的课题还有很多。

　　目标成本的展开过程中,越是与人事评价制度相关联,越会促使技术人员以及采购人员在目标成本上出现分离。相反,为了推动跨领域的活动而不去设立个人目标也是有可能的。

　　同时,日本总公司与海外事业体之间的问题也会浮现。海外生产据点实际上也是一个投资中心,但对于日本总公司来说是一个成本中心,对于供应商来说也是一个成本中心。也就是说,必须要考虑到由于组织组成方式的不同,认知也会存在差别,这对于成本企划的具体活动来说会产生非常大的影响。

所以应该注意到组织变化与会计变化的关联性,思考"文化"对变化产生的影响。如果能理解会计和经营行动的差异,那么文化间的差异也会有所缩小。上面的国际化视角中有提到,(日本对美国)"单一的"文化差异不仅会带来组织行动的程式化,也会以"文化差异"为由规避很多隐藏的问题。多文化状态中不但要理解文化,也要尽可能地排除"文化"的影响,用一个全新的角度来诠释"掩埋文化"是非常必要的。

另外,1999 年开始,丰田设置了"现调化推进委员会",用"技术轴""零部件轴""供应商轴""材料轴"和进行落实的"行动轴"五个轴来推进零部件的当地化采购(现调化)。那就是说,之前以设计小组以及海外事业部为中心的项目制结束了,开始了以技术研究部门为中心的"零部件轴",采购部门为中心的"供应商轴",以技术(设计)部门为中心的"材料轴",以及以生产、物流部门为中心的"方法轴"等,这也是作为跨职能的(分职能的管理)管理系统开展国际化的一种尝试。

3. 总结

在社会环境剧变的前提下,利用实践基础研究的方式,解释了成本改善的作用以及存在方式。比如与 VE 之间的关系,顾客所期待的产品及服务这项"功能",并不是把它当作一个安静的"名词",而是把它视为"目的""动作"去进行分解,这样可以说就让一个"名词"动起来,变成了一个表示"改善动作"的"行为",这些"行动"作用于跨部门的活动中,这也使得高度化的分业体制成为可能。成本企划从战略变为战略的"行动"。

近几年,受个人成果主义导向的影响,成本也开始向分部门、分费用项目(分地区)计算转移。最早产品开发项目(产品)和经费的计算才是主流。但是,"去除"业绩考评的因素(文化操作手法中的减去重要的因素),按职能区分的管理体制得以维持。也就是说,目标成本并不是分解在每个人头上,这样去除了责任会计的部分,与人事考查和管理会计(业绩评价会计)也保有一定的距离。尽管责任的存在是重要的,但是考虑到会计的不可视性,贯彻责任会计前景并不乐观。但是,随着成果主义的盛行,相对跨职能的管理体制,分部门、分个人的计算也有一定的重要地位。这也是需要再去探讨的部分。

阅读 4-2　成本企划的动态能力

1. 序言

　　成本企划能力的定义为：能够引导企业持续竞争的源泉——成本企划走向成功的组织能力。"持续力"并不是专利、品牌等无形资产的活用，或是从环境的角度思维，而是应该把焦点放在利用人的因素提高企业组织的能力，从而形成长期的竞争力之源。在这种组织能力中，特别是动态能力，并不是由此带来的企业独有资源或拥有的能力，而是应该把焦点放在相互间的作用或多样化变革的过程。

　　本文就以上所说的成本企划的动态能力进行阐述，第二节介绍在经营学或是产品开发管理研究领域的研究，第三节介绍受到影响后独立发展的管理会计领域相关的研究。

2. 展开组织能力研究

　　动态能力的提倡者蒂斯等人这样定义"组织花费长时间，获得学习、适应、变化、变革的组织能力"。另外，伊丹和加护野提出，为了获得持续竞争优势，不仅仅是单位产品或服务应当差异化，企业资源及资源活用的组织架构也应当追求差异化。其他方面，经营的信息资源、核心能力等，都展开了重视动态能力的讨论。这些讨论都强调，竞争力不光是企业独有的资源特性，协调这些资源的企业行动，也会对企业持续竞争力产生巨大的影响。

　　在汽车产业里，关于产品开发组织能力的研究有很多。克拉克和藤本通过详细验证日美欧汽车产业产品开发项目流程，表示日本企业拥有两大重要的组织能力——重复性问题解决能力（stage overlapping，这一能力需要开发阶段的重复化及紧密的沟通）和重量级产品管理构造（HWPM：heavyweight product manager structure）。

克拉克和藤本提出"为什么日本制造业强？"在此基础上，藤本又提出"为什么丰田强？"通过对丰田生产、开发系统的构造过程进行详细调查后发现，丰田与其他公司相比有几点突出的能力。首先丰田导入了福特生产方式和科学管理，并且拥有纺织机行业经验等事前合理性，以及创始人丰田喜一郎和丰田生产方式之父大野耐一等企业领导层的创造力等事前能力；另外，采用航空技术转职人员的 PM制度，以及导入福特方式没有到达预期效果时的事后处理能力，新的管理体系的维持、使其制度化的能力等。总之，把偶然变为必然的能力，把不如意的试行结果，转变为按照本意落实、改善、普及的能力，这些都会使企业之间产生差异。

以一般的 HWPM（重量级产品管理构造）为基准来看，日本汽车产业的产品开发也存在弱点。这种项目制导向的组织架构里，因为各项目组都是独立开展工作，每个团队都可能会创造出新的分支。因此，项目组之间的沟通就会变少，从而使得零部件通用化难以推进，并且发生重复性研发，增加研发投资，很多项目之间的技术及知识的转移也会变得更加困难。

延冈先生提出了"统合项目战略"的重要性，它以统合独立项目为目标的项目导向产品开发组织，可以最适当地消除部门间的不利因素，是一种管理的战略。统合项目包括产品之间的关联和产品世代间的关联，实现项目间的资源信息共享的同时，也要实现每个项目之间的差异性。

另外，也有实证研究以项目间的知识转移为焦点，探讨了日美之间汽车产业相关产品开发流程，其结果表明项目中知识的有效蓄积、转移、再利用等，都是通过直接的项目连锁反应来实现的。项目连锁的方法有项目组之间核心人员转移的"人的转移型连锁"和把需要知识转移的项目进行时间重叠的"时间重叠型连锁"。

3. 展开成本企划能力研究

通过以上产品开发相关的组织能力研究，吉田对成本企划能力进行了理论及经验的探讨。结果如下：

第一，成本企划管理是集管理会计技法、管理工学技法和组织架构整合于一体的综合性职能。这是成本企划的理想状态，与综合利益管理活动的研究达成了共识。即使在组织能力概念的研究里，它也被认为是保证企业持续竞争力的根源。实践证明，成本企划能力和产品开发成果之间存在着某些相互矛盾的关系，这也旁证了这一见解。

第二，作为成本企划的能力，比技法更重要的是组织、行动能力。虽然在成本企划中，组织、行动的重要性已被认可，但这里是用事实来证明。也就是说，对成本企划的成果以及担当设计的工程师的来说，组织、行动的影响力比技法更为重要。

第三，开发源流中的成本数据管理及开发过程中，各部门、项目组、各组织间的相互协作是成本企划核心能力的补充。光从实践研究的结果并不能把普遍的成本企划能力进行特殊定义，但是可以列举以下作为补充。一是开发初期阶段，有效的源流管理方法——成本表。二是部门、项目组、组织间的调整及信息的共享。另外还有一个共同且不断显现的难题就是企业外部的提携。

第四，成本企划会面临很多的困境。"产品概念的不可视化"就是其中之一。当然，成本企划中必然存在反作用、副作用。研究表明，成本企划的困境主要有两大倾向。一是成本企划能力变数与产出变数之间，存在着某些相互矛盾的关系。二是在成本企划相对完备的企业，最初产品开发想要实现的概念，可能并不会被担当设计的工程师所重视。也就是说，产品成本、产品品质、性能及周期，都设定了明确的目标，并且有非常严谨的管理系统，担当设计的工程师过于关注这些目标的话，在整个开发过程中，产品概念的实现这一本质目标往往会被忽视或抛弃。

另外,成本企划对企业实践的意义还有以下几个方面。第一,成本企划要取得成果,不仅需要技术力量的储备,也要考虑到组织方式的影响,构建一个组织结构或是管理体系是非常必要的。第二,如果成本企划的组织环境有所懈怠,就会促使设计人员产生职业倦怠。知识的创造者是人,要为他们营造一个自律的组织氛围。第三,成本企划应该实现全体的统一。第四,成本企划能力的真谛,是追求它的变革能力。

与成本企划动态能力相关的研究可以概括为以下三点:成本企划变革能力研究,成本企划的逆向职能、成本与质量相对立问题的研究,成本企划的冲突管理研究。

(1) 成本企划动态能力之一:变革能力

作为成本企划动态能力,第一被重视的是应对不断变化竞争环境的成本企划变革能力。吉田为了能够探究成本企划变革能力,对管理会计变革的文献进行了研究调查,并分为以下三类:① 构造的角度(a structural perspective);② 制度论的角度(an institutional perspective);③ 普及论的角度(a diffusion-of-innovation perspective)。管理会计变革研究的是关于管理会计系统及实务如何普及、导入、变革及终止。

以欧美为中心,在构造角度的研究方面积累了丰富的经验,而在日本的管理会计研究中,第二点制度论的角度和第三点普及论的角度的研究与罗杰斯的社会学一样关联并不充分。相比较战略论和组织论的密切关联,这些角度的研究并没有被重视。90 年代之后,值得研究的文献越来越多,特别是为纵向案例研究(longitudinal case study)提供了理论基础之后,研究的贡献更值得期待。具体来说是成本企划与组织变革之间的关系,以及以海外转移为重点的研究。

① 以制度论角度为基础的研究

首先,吉田依据 Burns 和 Scapens 提倡的制度论角度三大关键概念(规则、常规、行动),在吉田"成本企划能力"的概念框架基础之上,整理提出了三大综合能力(成本企划支援的统筹、部门及组织间的统筹、多项目统筹)及以设计工程师的自律性为中心的概念。依据 Burns 和 Scapens 的观点,规则是程序形式化的表示,常规是实际使用的程序及区分。例如,规则是按照程序手册一样建立的管理会计系统,而常规则是现实使用的会计手法。

以制度论角度为依据制定的制度化流程,要不断进行时点性的观察原因在于,对成本企划系统一时的观察,并不能完全掌握作为持续竞争源泉的成本企划能力。长期稳定的实施成本企划,通过一时的观察可以得到很多信息。但是通常的变化过程只不过是存在这样一种机制,不断对抗、调整,然后再找到变化后的均衡点。被认为的均衡点可能只是观察中的某一个变化时点,要在多种多样的辅助技法和管理系统有机结合的成本企划系统中,找到均衡点并不是容易的事情。因此,观察变化过程之外,还要真正地理解成本企划综合能力的本质。

吉田和近藤在制度论角度的基础之上,对电器生产厂家 K 公司导入成本企划的过程进行了横向研究。在这个项目研究过程中发现,成本企划更新的模式,不是以规则变化为主导,而是以行动变化为主导。发现了并非理论所说的规则变化为主导的变化过程,这一举动意义非凡。实际应用过程中,没有形成规则化、常规化的个人行为却成为组织全体过程改善的出发点。所以希望大家能够认识到,在企业里导入新技法不仅有自上而下的方式,也存在把现场的所有经验智慧,在组织内进行横向展开的变革模式。另外,K 公司的成本企划系统是通过导入、变革的过程,逐步形成的。也就是说,组织变革过程中,新体系的导入并不是一个终点,而是一个新的起点,导入之后的流程固化是管理体系中重要一环。

从以上事实可见,吉田和近藤针对成本企划的实地调研方法,提出了三个方案。第一,探究成本企划的导入、变更及成果之间的关联,必须要在导入及变更过程中,进行时点性的观察。第二,要正确评价某一阶段的成本企划能力,仅靠表面的成本企划规则是不够的,还需要深层次去观察它的常规性。第三,把成本企划定义为包含整个组织变革体系的辅助系统,必须要观察其导入、变化的过程。

② 以普及论角度为基础的研究

普及的定义为:"创新随着时间的推移及共享平台的使用,在社会各界之间形成共识的过程。"

普及的速度是由创新的五大特性(相对有利性:相比新旧更替的思维,能认识到新创意好在哪里的觉悟;两立性:认识到创新是潜在采用者的现有价值,要与规范或过去的经验以及与组织、社会体系保持一致的觉悟;复杂性:对创新的理解和使用,感到困难的程度;试行可能性:对部分创新进行试验、导入的程度;观察可能性:对创新成果可视化和判定的程度)来决定的。一般来讲,就相对有利性、两立性、试行可能性、观察可能性而言,较大的而复杂性较少的创新,更能够快速普及。

吉田依照罗杰斯的普及论,研究了造船厂 A 公司的案例,探讨了成本企划普及的难易度。其结果表明,尽管除去"高复杂性"之外,使创新容易推广四大特性都包含在内,但 A 公司的成本企划推广还是陷入了困境。"高复杂性"是成本企划的技术特性,"低试行可能性"是造船业的普遍现象,"低相对有利性""低两立性""低观察可能性"是 A 公司自身环境及导入过程和管理系统的问题。

由此可见,决定创新普及速度五大特性的,不仅是成本企划的技术特性,还包含导入的组织架构背景、导入过程及管理系统的适应度。组织的渗透难易度,也会产生很大的影响。这一点在实际应用过程中非常重要。对比 ABC/M(activity-based costing/management,作业成本管理)或 BSC(balanced scorecard,平衡记分卡)这样技术成熟的管理会计软件,JIT(just-in-time 准时化)生产方式或成本企划是一种组织流程的有效统合和必须"高复杂性"的组织架构,导入、变革过程和管理体系显得更为重要。

其他方面,罗杰斯指出,(成本企划事务局担当)变革推动者的作用以及成功的必要条件等作为丰富的研究成果,可以有效地指导实际应用。

(2)成本企划动态能力之二:品质和成本的对立

在成本企划动态能力中,第二被重视的就是如何消除复杂的设计目标(品质、性能、交货周期、成本等)之间的相互作用。

成本企划的采用,很有可能会带来副作用或是反作用。吉田和近藤指出了其中成本与品质相对立的问题,针对召回事件多发的国产汽车质量问题,国土交通省以汽车交通局收集、发表的召回信息为中心进行了分析。

其整理结果如图 4-6 所示。左侧是因设计不良导致的连锁反应,主要原因是评价标准过低。虽然有开发周期缩短的压力,但如果没有成本企划能力的支援,担当人员容易出现倦怠,不按照评价标准进行设定、测定及评价,一旦不良产生,对于零部件的共通化会造成很大的影响。右侧是因制造不良导致的连锁反应。过度要求成本的降低,从长远角度来看,对于知识的转移及品质管理能力的提升,都会产生影响。

因此,形式是非常严峻的。召回事件多发的根本原因中,设计阶段的成本企划能力低下占到了半数以上,制造阶段品质管理能力的低下也是不能忽视的,因此只有通过高度的组织统合力来实现低成本高质量的状态。这包括开发设计阶段的成本企划能力,制造阶段的以 QC(质量管理)小组为中心开展 TQC(全面质量控制)/TQM(全

开发周期缩短

过度的降成本压力

因业务过多导致的倦态

不全面的知识转移

评价标准低

品质管理水平低

零部件的共通、共有化设计不良的增加

设计不良的增加

不良品的增加

召回案增加

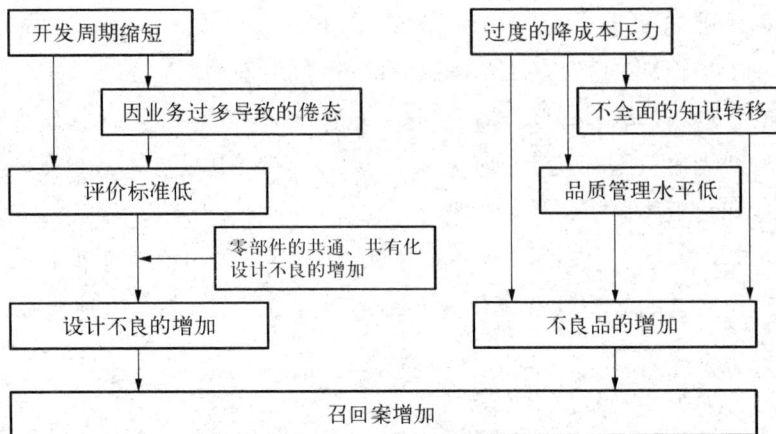

图 4 - 6　发生召回的连锁图

（出处）吉田于 2007 年发表的论文

面质量管理）活动的品质管理能力。在开发和设计阶段，协同供应商一起打造成本及品质，追求制造阶段不把不合格品流向市场的零缺陷目标。

日系车长期积累下来的高品质神话已经逐渐落幕。品牌效应一旦消失，再去重新打造是非常困难的，对于世界消费者的负面影响是不可估量的。交通事故要防患于未然，事故发生时如何保护人，这样的技术开发固然重要，但是在行驶过程中不出现故障这样的最基本性能也不能忽略。

说到实际应用，要切断召回事件多发的主要原因"评价标准低"及"品质管理水平低"之间的负面连锁反应（见图 4 - 6）。关于评价标准有两个问题：① 零部件个体的评价标准问题。严格地缩短工时和降低成本的压力，造成了品质评价标准的低下，因此有必要重新审视标准设定、测定及评价过程。② 零部件之间的干涉问题。模型制作的减少，外包零部件的技术进步以及汽车模块化下的汽车担当者对应能力的下降是主要因素。另外，现实中开发设计相关负责人过于繁忙,也会产生工作纰漏,没有对外包零部件、设计图纸进行充分的考核,积累的数据或实际案例也没有被充分利用。因此设计软件和数据库的使用需要重新再去思考,通过设计图纸和数据库相连接提高设计效率,对照评价标准进行成本预估等,都是有必要的。

对于制造的品质管理水平低下,就不过多陈述。当务之急就是把制造现场的无形资产进行重新整合,并存续下去。对此海外工厂的知识、技术转移能够起到很大的帮助。在企业文化和语言都各自不同的海外工厂推广的品质管理活动中,可以学习到丰富的经验。

作为研究课题,工厂的负责人必须和汽车工程学的专家们进行交流探讨。深究召回事件多发的日本本土因素。也就是说,需要思考召回案究竟是汽车开发、生产中相关产业、产品构造的因素,还是日系车品牌固有的问题。

(3)成本企划动态能力之三:冲突管理的职能

在成本企划动态能力中想要提倡的第三点,就是成本企划的新作用以及被期待的冲突管理。

在成本企划的实践过程中会出现各类关系。也就是说,尚未启用成本企划的产品开发中,设计工程师只需要专注性能及品质目标的达成,在有限的开发周期内,严格按照成本目标,担当成本职责和设计完稿的责任。随着设计的标准化,材料的共通化等条件的制约,制造成本并不能简单地以技术和经验为本位进行叠加,而必须用市场价格减去目标利润,把制造成本控制在此数值之内。指挥系统有时候要变成各部长和制造开发项目主管这样的双重关系,必要的时候,可以调整为采购、制造部门、供应商这样的划分。

如此多样性、复杂性的相互依赖关系所带来的困扰和矛盾,也说明目前的管理会计的研究还不够完善。但是关于管理、控制系统的设计和运营也有很深刻的研究。例如,交互式控制是强化产品创新的组织业绩影响力,利用业绩评价体系中的交互式控制,提高组织能力。诊断的利用则是降低这些能力。

另外管理体系不是二选一,而是相互依存、互补的关系。比如说,在有业绩考核的情况下,诊断也通过交互式管理进行,要增加交互式管理体系的便利性,就需要构建一个正式的诊断式管理体系。

这样的研究都是抓住了管理系统之间的相互关联,而不是独立地进行研究,把这些研究共通之后,可以关注到两个管理体系之间的冲突。冲突这一概念并不陌生,碰撞、矛盾、对照、冲突、悖论等都相类似。冲突就是组织架构本身内在的一种紧张状态,利用管理控制体系的诊断及交互式控制创造出来的良性的紧张状态,就称为动态冲突。

之后,为了让成本企划研究和实际应用更进一步地发展,需要更加强调冲突管理的重要性。因为由成本企划活动产生的冲突升华为动态冲突,管理会计会被委以此任。下面通过事前管理及事中、事后管理两部分进行说明。

事前管理分为组织编成、控制管理系统的设计、计划设定。管理会计的贡献在于,依据后两项进行业绩评价体系的设计和预算编成。具体来说,包括目标成本的设定、目标细化、业绩测定、评价标准的设定、测评及考核的行程、会议编排等。

事中、事后管理是把事前管理设计的控制管理体系进行实际运用。控制管理又分为诊断式控制及交互式控制。首先诊断式控制体系的设计、应用要点为:"无法测定就无法管理"的思维方式。诊断式控制体系对目标及成果进行分析,判定是非,追求目标的达成。例如,预算编成、差异分析、业绩目标的设定及评价等。但是,诊断式管理只以目标的达成为目的,会忽视很多外围业务,妨碍了其他机会的可能性。为了弥补这一缺陷,利用新战略、新思维适当促进部门间的合作交流、互动学习,这种交互式的网络构造及灵活应用也是必不可少的,例如,横跨部门的团队组建或延展目标的设定、间接费用的分配、部门结算价格的设定、超过控制范围的责任设定、管理系统的互动活用等。

　　冲突管理最为重要的事情就是把以上所讲的两种管理进行调节管控。也就是说,不是在事前计划和事后对应进行二选一,而是精准地进行事前预算和业务计划设定,为了对应事中及事后发生的问题,设定并活用互动网络。

　　最后,谈一下成本企划里的冲突管理研究课题。

　　成本企划活动的主要冲突分为部门间冲突及业务目标间冲突两大类。部门间冲突是指职能部门主管与项目组组长这两重指挥系统间的瓜葛,包含进展、成本会议、业绩报告等各部门之间协调中产生的冲突等。业务冲突是指品质、性能、成本、交货周期等多类业务目标之间的权衡。

　　管理会计里的冲突管理,主要通过以下方式增大或减少冲突。设定业务目标水准及范围。如图 4-7 所示,设想产品开发活动,纵轴为目标成本标准,横轴为冲突水平。第 1 象限是严格的成本目标

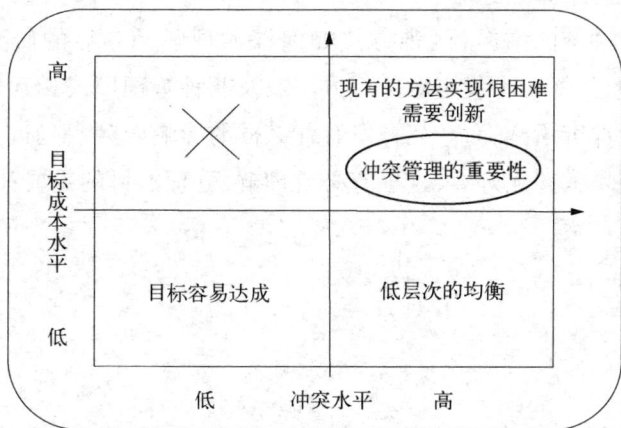

图 4-7　业务目标和冲突水平

（出处）吉田于 2011 年发表的论文

和高冲突状态的成本企划,因为设定了现有方法很难达到的目标,所以必须采用冲突管理进行突破创新。第 2 象限和第 3 象限是低冲突水平的情况,也就是降低成本只会轻微影响品质和性能目标的设定,为达成目标,部门间需要协调的项目也很少。第 2 象限是设定了较高的目标成本,但是如果能够用现有方法实现的话,则说明其属于低水平目标成本的第 3 象限。为了创新,打破原有的部门间的合作,进一步寻求设计目标间平衡的话,则可以逐步向第 1 象限转变。也就是说,第 2 象限用成本企划的角度很难理解。第 3 象限同样,因为设定了较低的目标成本,所以也不能称之为完整的成本企划。第 4 象限是在高冲突的情况下,因为设定了较容易实现的目标成本,平衡水平都较低,所以新成本及创新都是几乎不存在的。

最后还有一点,诊断管理及交互式管理这两种管理模式的设计运用。正如上文所述,事前设计及事后对应不是二选一,两者是在高次元间取得平衡状态。也就是说为了能够应对事前的目标成本设定、成本预估、事中及事后发生的成本变动因素,交互式网络的构筑和应用是一个必然趋势。

针对冲突的增减,两种方式如何深入理解是今后的研究课题。也就是说,目标成本设定的原有方法以及两种管理模式相互作用时,是如何让冲突增减,对产品开发有什么样的影响,这些都值得深入研究。冲突增大并无好坏,这里有必要理解,管理的目的是要让冲突升华为动态冲突。

阅读 4-3 中国汽车企业开展的目标成本管理

1. 序言

中国经济体制从计划经济转换为有计划的市场经济,进一步向社会主义市场经济转变。伴随着经济体制的变革,中国企业的成本管理体系在政治体制、经济发展阶段、发展模式、企业制度等环境因素的影响下,也逐步发生变化。在计划经济体制下,政府通过成本计划的编制以及完成状况的考核,直接管理企业成本,企业的责任只是实现计划。具体来讲,这类传统成本管理有四个要素:成本计划、成本计算、成本分析及成本考核。这种成本管理体系在当时的中国社会主义经济发展过程中,起到了非常重要的作用。

1992 年开始,随着社会主义市场经济的发展,企业的经营环境发生了两大变化。一是中国经济的市场化。伴随经济市场化,国内市场竞争愈发激烈;二是中国经济的全球化。这一变化的后果是,国内市场变为世界市场的一部分,中国企业不得不直接面对国际化竞争。

这样的经营环境的变化,在给企业带来良好机遇的同时,也给企业增加了巨大的压力。严酷的竞争环境,使得企业面临着如何获得更好的竞争优势,以及如何生存与发展的重大课题。特别是对不具备强大技术开发能力的多数中国企业来说,如何获得与维持竞争优势,成为战胜对手的唯一选择。这种情况下,欧美以及日本的管理会计、成本管理被介绍到中国,被世人所研究学习。同时在实践中,中国企业也在不断地进行各种摸索和尝试。到目前为止,被中国企业导入的成本管理方法包括责任成本法、目标成本法、标准成本法、质量成本法及变动成本法。其中目标成本法(目标成本管理)成为众多中国企业学习导入的对象。

本文以能够代表中国汽车行业的代表性企业中国一汽集团为例,详细介绍中国汽车行业如何开展目标成本管理。众所周知,有史以来汽车行业都在企业经营管理革新中,起到了非常重要的作用。例如,在美国,福特公司提出了以流水作业为核心的大批量生产,从而引导了汽车产业的新潮流。同时大批量生产又带来了大批量销售体系。福特汽车的 T 型车这一款车通过大批量生产降低了成本,然后又进行大批量的销售,从而取得了成功。另一方面,通用汽车区别于福特的经营战略,采用了事业部的组织结构,也就是通过多品种战略,取得了成功。并且超越福特汽车,成为世界汽车行业的佼佼者。在日本,提出具有日本特色生产方式(精益生产方式)的企业是丰田汽车。同时该公司也成功地开发并确立了以成本企划、成本改善及成本维持为三大支柱的日本式成本管理体系。

为什么大多数的企业经营管理体系是由汽车行业开发的呢? 其理由有二: 一是汽车行业是现代社会不可欠缺的重要产业支柱;二是汽车本身就是非常复杂的产品。一台车包含了两万件以上的零部件。因此汽车行业的经营管理,不但需要高级的产品研发、生产、销售体系,优秀的成本管理体系也是不可或缺的。因此研究中国汽车行业的成本管理,不能只对于中国汽车行业,对于了解其他产业的成本管理现状也是很重要的。

到目前为止,关于中国汽车产业的成本研究为数不多。李春利介绍了中国汽车产业的历史开展,并主要考察了两家大型企业的生产、开发体系的导入及发展。陈晋对三大汽车品牌进行了分析,明确了中国汽车产业经营环境的变化,与企业战略的形成之间的关系。肖威按地区和所有制进行分类,分析了不同类型汽车企业的生产效率、利润、发展能力。综上所述,所有研究都是针对的是中国汽车的生产、开发体系、竞争战略及经营构造的研究,而其经营管理方法,特别是成本管理方法这一方面的研究几乎为零。

为了填补这一空白,本文以中国一汽集团为案例,详细讲解其成本管理的内容及特征。

2. 企业概要及组织架构

(1) 企业概要

第一汽车集团(以下简称"一汽集团")是中国最大的汽车企业。前身为受到苏联汽车制造支援,在中国东北吉林省长春市设立的国有企业"第一汽车制造厂"。第一汽车制造厂于 1953 年开始建厂,1956 年正式投产,制造了新中国成立后的第一台"解放"牌货车。1958 年开发生产了中国自主品牌"东风"及高级轿车"红旗"。因此,第一汽车制造厂的诞生,揭开了中国汽车产业的新篇章。

60 多年来,一汽集团作为汽车行业的代表,一直领军中国的汽车产业。特别是改革开放以后,从欧美、日本等先进国家引进了先进的生产设备及生产技术,生产规模不断扩大。1991 年,和德国汽车品牌大众汽车成立合资公司,开始生产合资品牌的汽车。2000 年,和丰田合资成立了"天津一汽丰田汽车有限公司",导入丰田的技术,确立了先进的生产体制。2010 年生产销售达到了 255.8 万台,销售额为人民币 2 927 亿元。近几年不论是销售台数或销售额,都位居中国汽车行业首位。

(2) 组织架构

一汽集团的组织架构如图 4 - 8 所示。一汽集团以最高经营委员会为首,旗下设立"发展企划委员会""财务经济委员会""监察委员会""采购委员会"这四大委员会。组织整体由"职能部门""全资子公司"和"分公司"构成。职能部门分为"企划部""采购部""品质保证部""生产制造技术部""市场管理部"等 18 个部门,"一汽解放汽车有限公司""一汽吉林汽车有限公司"及"一汽丰田汽车有限公司"等 16 家全资子公司和 15 家持股子公司。其他还包括"一汽集团

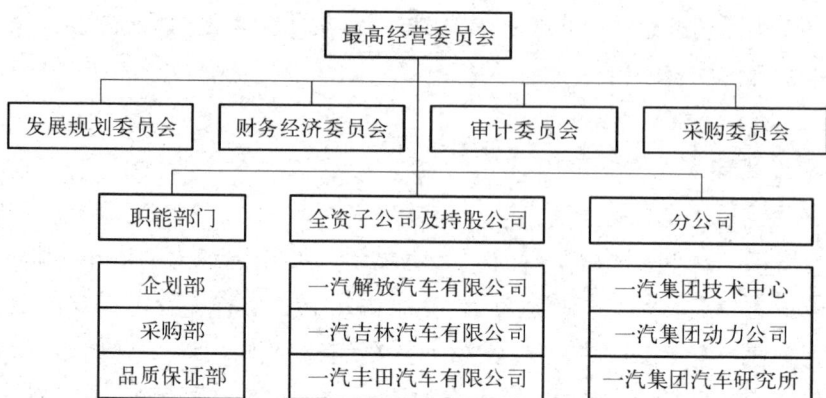

图 4-8   一汽集团组织架构

（出处）依据一汽集团 2010 年报告，笔者作成

技术中心""一汽集团动力公司""一汽集团汽车研究所"这 3 家分公司（支社）。

3. 产品研发体制

一汽集团技术中心承担一汽集团所有产品，包括货车、轿车、巴士以及汽车相关零部件的研究开发和设计实验。其前身为 1950 年在北京设立，由重工业部管辖的"汽车实验室"。1954 年更名为"汽车研究所"，1959 年搬迁至长春市，当时变身为第一汽车制造厂中担当产品开发的附属研究所。2001 年汽车研究所和材料技术研究所以及品质检查监督中心合并，更名为"一汽集团技术中心"。经过 60 多年的发展，一汽集团技术中心（以下简称"技术中心"）成为中国汽车产业规模最大的研究开发试验基地。技术中心的研发活动分为三大类：① 汽车零部件及汽车整车的开发设计；② 汽车相关联的技术、实验技术等应用技术的研究开发；③ 行业标准、技术规范等基础技术的开发。

过去几十年，中国经济体制由计划经济，转型为有计划的市场经济,最后定型为社会主义市场经济。在社会主义市场经济体制导入之前,技术中心的产品开发以新产品的性能及质量为重心,忽视了成本及交货周期。原因在于,当时的汽车生产及销售主要还是以政府制订的计划为主导,没有遵循市场主导的机制。

但是,随着社会主义市场经济的导入,汽车行业发生了翻天覆地的变化。中国政府把汽车产业作为经济发展的支柱产业,制定了相关引导政策。因此,从 20 世纪 90 年代后半期开始,不仅国内资本,国外资本也参入了汽车产业,汽车市场的竞争愈演愈激。为了适应这一环境的变化,一汽集团开始引进海外新技术并且和外资合作成立了合资企业,强化了新产品的开发能力。为了在激烈的竞争环境中取胜,与竞争对手抗衡,则必须为顾客提供更为优良的产品。为了开发优良的产品,在保证新产品的性能、品质的同时,还必须重视产品的成本及交货周期。因此,近几年来,技术中心的产品开发项目也导入了目标成本管理,并作为提高产品竞争力强有力的手段持续推广。以下就技术中心如何开展目标成本管理进行说明。

4. 目标成本管理

(1) 目标成本管理导入过程

一汽集团导入目标成本管理是在 90 年代初期。当时有两大源头。一是日本的成本管理,特别是成本企划。当时一汽集团为了提高生产效率,尝试引进了日本的生产方式。一汽集团的技术人员被成本企划这种优秀的成本管理方式吸引,收集了各类日语资料,并翻译成了中文。顺便说明一下,中文把"成本企划"翻译成"目标成本管理"(日文为:目標原価管理)。另一源头为中国国有企业邯郸钢铁集团(以下简称"邯钢")的成本管理模式。邯钢是中国河北省邯郸市的资源优势型企业。90 年代中国钢铁市场萎靡不振,邯钢提出了"模拟市场核算、实行成本否决"的成本管理模式,并且进行了全面推广。其结果是销售额和利润大幅度增加。这一管理模式的最大特点有两点：一是预测市场价格，计算企业利润，从而倒推制定出目标成本；二是企业全员（管理层与职工）的奖金及升职，都与目标成本挂钩。

但是，90年代的一汽集团管理层依然使用计划经济时期的管理方式，虽然认识到了成本目标管理等成本管理的优点，但是没有彻底地适用于产品开发过程。进入2000年，为了能够在激烈的市场竞争中取胜，管理层认识到了必须要强化成本竞争力，因此正式导入了成本管理。因此，技术中心在2001年成立了目标成本管理室，参考成本企划及邯钢成本管理模式，摸索导入了目标成本管理。并且在2000年后半段，确立了目标成本管理体系，并且不断完善。

典型的产品商品化过程分为产品企划、设计开发、试做、生产准备、生产制造、销售这几大阶段。其中，从"成本发生"角度看来，企划至生产准备阶段，产品相关的成本很少，进入制造阶段开始，就会产生大量成本。但从"成本决定"角度来讲，企划或设计开发阶段就已经决定了产品的大部分成本，进入生产阶段，决定性的成本仅占很少的比重。目标成本管理这一专业性用语，根据使用阶段的不同，其含义也各不相同。以"成本发生"为着眼点，在生产制造阶段适用的目标成本管理称之为成本改善。以"成本决定"为着眼点，产品设计开发阶段适用的目标成本管理称之为成本企划。邯钢的成本管理模式接近于成本改善，而一汽集团技术中心导入的目标成本管理类似于成本企划。

（2）产品开发流程

技术中心把以下的想法定义为目标成本管理的基本理念。也就是产品的成本是设计出来的。与开发设计相关的所有工程师都要了解成本，在追求产品性能、品质、成本之间平衡的同时，必须实现成本的管控。这样的目标成本管理才能在所有的产品开发流程中实施。

为了能够更好地说明目标成本管理的内容,首先要说明产品开发的流程。

一汽集团的产品开发顺序:首先,总部的计划部门根据公司经营战略,制订"集团公司产品开发计划"。然后各分公司根据"集团公司产品开发计划"制订相应的"分公司产品开发计划"。其次,技术中心会根据各公司产品开发的请求,制订"技术中心产品开发计划"。分公司和技术中心共同审查"技术中心产品开发计划",之后会提交到总部企划部。企划部和财务部针对计划,给出一个综合的评价。财务部的主要职责是为产品开发调配资金。之后,以结果报告书的形式提交给总部产品战略委员会。最后,总部产品战略委员会审核报告。如果审核通过,会通过企划部给分公司及技术中心下达产品开发指令,技术中心收到指令后,开始正式进入产品开发阶段。

技术中心为了开发一款新产品,会组成一个叫作项目组的特殊开发部队。产品开发采取一种里程碑式的过程管理。具体的研发流程为产品企划、产品定义、设计检证、生产准备、产品支持五个阶段。详细划分可以分为十个里程碑(MileStone)(MS1……MS10)(见图4-9)。

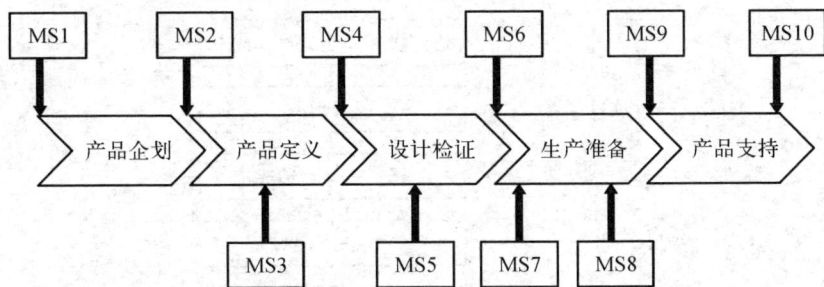

图4-9　产品开发流程图

(出处)笔者著作

下面简单地介绍一下图 4-9 的内容。第一个里程碑 MS1 是整个项目的出发点。在这里，任命项目组长，成立横跨部门的项目组。MS2 是策划产品设计的基本构思，会制作出几个方案。MS3 选择出最优方案，开始设计。MS4 完成产品的基本设计，同时也会完成产品主要部件的设计。MS5 第一次设计审查。进行试做，开始测试。再根据测试结果，完善设计。MS6 第二次设计审查。以生产部门为中心，通过试做、测试，然后进入生产准备阶段。MS7 完成生产设备的调整。MS8 为实际生产现场试运行。解决发生的问题，确认批量生产的生产能力。MS9 为批量生产阶段。最后的 MS10，解决市场反馈的问题及生产过程中发生的问题。

（3）目标成本管理流程

目标成本管理的步骤和上述产品开发流程并行。这个流程如图 4-10 所示。可以看出目标成本管理活动是技术中心及集团公司和分公司三方协力推动的。其中虚线包围的部分是技术中心主导的

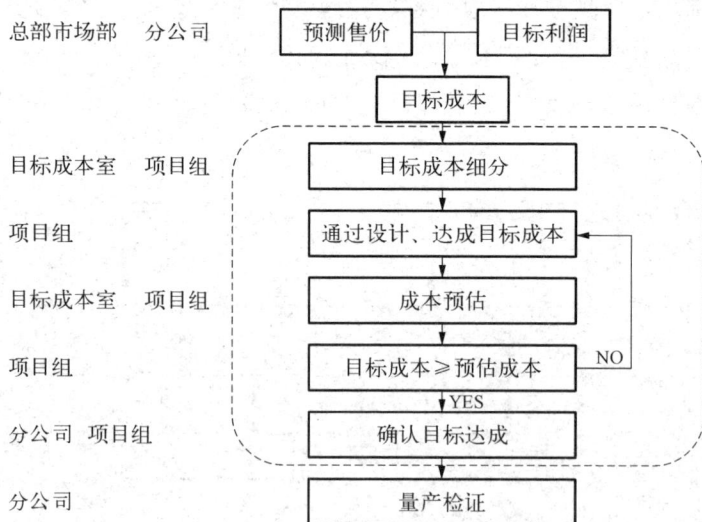

图 4-10   目标成本管理流程

活动。下面分阶段说明一下目标成本管理的流程。

第一阶段：目标成本的设定。分公司通过总部市场部门的协助，预测新产品的市场售价。之后以总部经营战略为依据，为了实现整体盈利，设定新产品的目标利润。而目标成本=预测售价-目标利润。第二阶段：目标成本的细分。技术中心的产品开发项目组和目标成本室对目标成本依据产品构造进行细分。目标管理室是产品开发相关联的成本信息的收集、管理部门。第三阶段：通过设计达成目标成本。项目组在保证产品的性能、品质和交货期的同时，实现成本目标。这一阶段，成本工程师负有很大责任。第四阶段：目标成本的预估。目标成本室和项目组用完成的设计图纸，进行成本预估。当预估成本低于目标成本时，获得分公司和项目组的认可后，可开始试做，检证是否可以量产。当预估成本高于目标成本时，则需要返回第三阶段，重新开展目标成本达成活动。

5. 结语

本文以中国汽车产业的代表一汽集团为例，详细讲解了其目标成本管理的流程及特征。一汽集团的目标成本管理的特征为：产品开发流程中，同时展开目标成本管理。产品开发时，技术中心成立项目组，开展里程碑式的管理。其中，划分为目标成本的计算、目标成本的细分、目标成本达成三个阶段，逐一推进。到目前为止，通过几个产品开发项目的实施，目标成本管理的方法得以改善，相关规则和工具等也逐步完善，现在作为提高产品竞争力的手段，目标成本管理还在持续推进。

当然，一汽集团的目标成本管理还在进化阶段，并没有完全成型。和日本先进企业相比，一汽集团的目标成本管理水平还存在差距，还有很多值得探讨的问题。成本企划可分为三部分：基本理念、使用工具及推广方式。以下从成本企划这三方面，通过对比，指出一汽集团目标成本管理的现存问题。

首先,成本企划的基本思想包括市场导向、源流管理以及成本造入。通过前文的说明,我们可以了解到,一汽集团的目标成本管理也是同样的思维方式。其次,成本企划的主要工具是价值分析(VE)和成本统计表。一汽集团的目标成本管理,也是运用同样的工具进行目标成本的细分及目标达成活动,但是并不能说是效果显著。其主要原因是目标成本管理的相关基础数据不完善。在汽车产业,一般一款新车型的研发周期为 4 年左右,但是一汽集团的研发周期目前还需要 5 年时间。上文也提到了,一汽集团导入目标成本管理是在2000 年后半期,由于时间所限,相关的基础数据储备并不完善。

另外,成本企划活动是以跨部门团队方式开展的,就像橄榄球比赛那样。其中,供应商的参入也是其特点之一。一汽集团的目标成本管理,虽然项目组是跨部门组成横向开展工作,但是项目组和分公司相关部门之间的合作并不顺畅。成本管理相关的情报共享还存在相应的问题。而且目前在产品开发过程中,还没有把供应商也拉进来共同推进产品研发项目。

今后,如果一汽集团的目标成本管理,能够克服以上问题,吸取经验教训,一定会取得更进一步的发展。

阅读 4-4　成本企划的海外开展与国际比较

1. 序言

随着企业国际化进展,会计制度也会随之发生变化。与企业内部的决策、业绩评价,以及战略制定、评价体系相关联的管理会计,根据企业的经营理念、组织结构、企业文化,甚至企业间的合作方式和劳资关系等企业大环境的差异,其变化的程度也是大相径庭。

在本节,通过对丰田海外子公司的事例研究等,从历史的角度分析成本企划海外开展的方式,也对成本企划的各项原则、组织间的合作方式等,以各国比较为基础逐一进行论述。

国际分工的深化和管理的当地化

在全球化的发展过程中,仅从家电行业、汽车行业的发展,就可看到以销售的海外扩张为开端,从散件组装生产、全线投产到研究开发(商品的外观和性能设计)等功能的海外转移已经成为普遍现象。

以丰田为例,20 世纪 60 年代才开始在海外销售丰田汽车,紧接着在世界各个地方进行了散件组装生产。真正开始全线投产是 80 年代,与 GM(通用汽车)合资之后,创建了合资公司 NUMMI(New United Motor Manufacturing Inc. 位于美国加利福尼亚州弗里蒙特市)和独立公司 TMMK(Toyota Moto Manufacturing Kentucky Inc. 位于肯塔基州乔治敦市)。随着海外生产的不断发展,鉴于当地政府希望振兴汽车产业和成本战略的考虑,合理利用当地资源采购零部件成为趋势。因此,必须构建一个当地供应商也能够参与进来的产品设计开发体制。这时,产品开发阶段中利益和成本的综合管理,也就是成本企划的全球化变得非常必要。

首先是从传统的管理会计到战略管理会计的转变,这里通过全

输出 ➡ 自己销售

商社 ➡ **代理店** ➡ **贩卖子公司**

➡散件生产（SKD·CKD①）➡ 全线投产

　　　　　　　　　工厂·调配中心

　　　　　　　设计➡商品研发

　　　　　　　　　研发中心

➡管理的本地化

　　　　部分的转移（各职能分开，特别
　　　　要经由母工厂）

➡ **区域统括功能（生产·销售·财务·开发等）**

成本企划的当地化·混合动力化

➡ **全球水平的调整·统括**

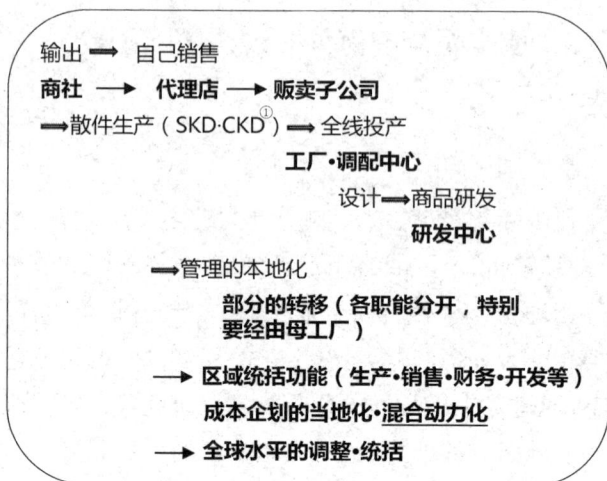

图 4 - 11　企业活动的国际化和战略会计①

球企业的种类进一步进行说明。

　　决定向海外进军的大多数日本企业，当初多是受日元升值以及
政府间合作协议的影响，其次也是想吸取海外企业的优秀产品理念
和零部件设计的经验技术。

　　随着生产职能的海外转移，为了使生产准备活动效率化，提高零
部件当地采购率，以生产技术人员为首，对零部件进行评价的技术人
员是必不可少的。根据这样的变化，在销售、生产、生产准备、设计、
研发等功能方面都有着国际分工，但随着世界市场的扩大和各企业
全球战略的发展，企业内和企业之间的互联网络不断明确的同时，同
一功能下的国际分工（比如说国内设计和海外设计）的发展也更加
明朗。

　　关于成本企划的全球化，首先的焦点是"海外转移"。加登列
举了英国日产成本企划"转移"的案例，对产品开发方法、开发理念

---

　　① 编者注：SKD 与 CKD 分别指国产率低的半散件组装和在当地组装零部件的全散
件组装。

的共有化以及开发现场用语、供应商关系等差异进行了分析。特别指出了日本式聚焦型的并行开发和美国式堆积型的顺序开发两者之间的差异，还有"目标"和"target"以及"试作品"和"trials"的意思差别。另外，冈野根据丰田北美的成本企划展开过程，把总公司和北美据点之间作用的变迁作为焦点，通过三个产品项目分析了差异性。

对此，不仅仅是销售、生产、生产准备，伴随着设计、研究开发等各种职能的国际分工，生产技术、零部件设计、经营管理等的各种各样的"知识"并非单向的"转移"，在海外据点沉淀的"经验技术"也会被带入日本总部，某种程度上两者之间是可以相互学习的。

对双向的相互作用理论进行补充的是成本企划"海外展开"的观点。网络化组织及组织间的关系是这样的，为了达成效果，作为统筹角色（关键人物）的成本企划担当者的作用和目标成本在各组织间的展开（特别是设计和采购）是非常重要的。作为分析成本企划海外展开的概念要点，还应该从成本企划的"理念""原则""（计算）细则"等方面来进行讨论。

另外，大多数的海外企业，都是在"成本企划"的背景下来追求产品的开发管理，但随着"海外展开"，"国际比较"的视角也变得更为重要。这时，不能仅仅以日本的管理会计为背景思考成本企划，目前的趋势必然会带来自文化和异文化的融合与扬弃。这可能并无好与坏，但成本企划必须从日本特殊论中脱离出来。关于成本企划国际比较的分析框架，可分为"会计体统""管理体统""社会体系"，下面从这几个方面对欧美企业和日本企业的案例进行分析。

2. 成本企划的海外展开

随着产品开发的海外展开，成本企划是如何变化的，下面以丰田（NUMMI 和 TMMK）为例进行介绍（见图 4 - 12）。

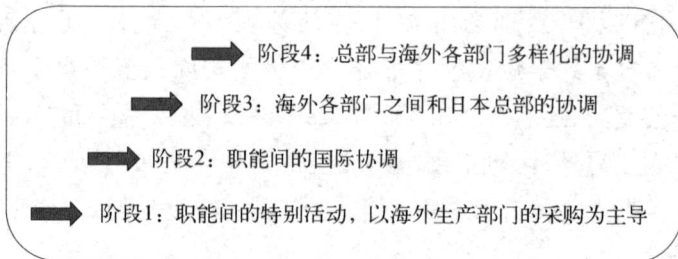

图 4 - 12　成本企划的海外开展过程

（1）第一阶段：职能间的特别活动，以海外生产部门采购为主导

首先，通用汽车和丰田汽车的合资公司 NUMMI 于 1992 年开始对卡罗拉的开发实施成本企划。在日本，海外企划部决定销售价格、数量、式样等，技术部的产品企划室决定开发概念、式样、设计图纸等内容。在这个阶段起到了中心作用的是 NUMMI 的采购部门，其主要负责外购品的目标成本设定、VE 检讨会的总结、每个零部件成本的汇总。特别是与当地的供应商（大约 10 家）之间进行 VE 会议、主要的外购品（50~60 种类）的成本目标设定、收集 VE 提案。这个阶段由关于 VE 的指南《VE/VA 手册》与供应商和丰田之间的成本降低等内容组成了"利益分配方案"，这对成本企划之后的发展具有重要意义（见图 4 - 13）。

（2）第二阶段：职能间的国际协调

1995 年发售的小型货车（Tacoma，塔科马）的开发中，日本总部的财务部主要进行产品的成本预算，销售之外，日本总部也首次参与了成本企划活动的策划，此举尤为重要。另外值得关注的是，海外企划部和美洲事业部共同实施了成本企划会议的总结工作。这样一来，为确保海外事业的收益，以美洲事业部为中心开展了目标利益的决策，以及每台车的成本计算。北美各据点对收益进行确保这点具

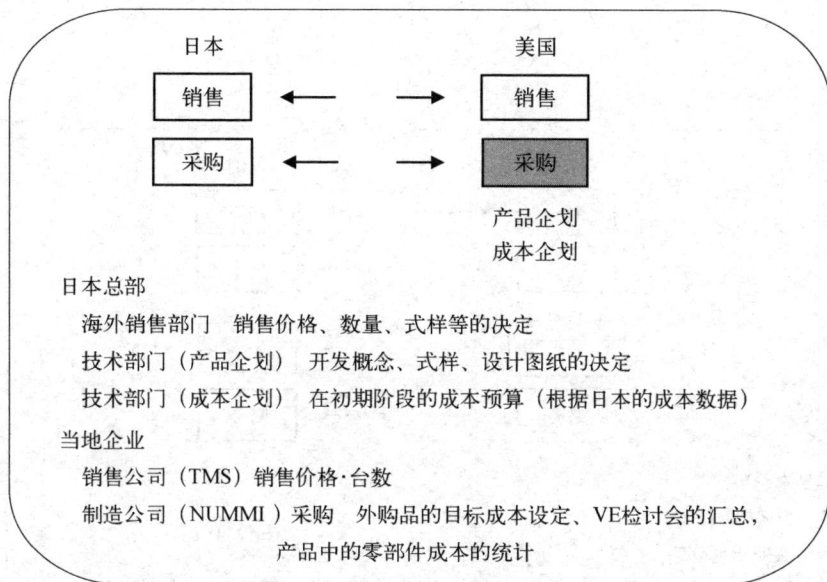

图 4-13 成本企划的海外开展(第一阶段)

有重要意义。不可否认,相比日本的成本企划,北美利益企划的色彩更加强烈。另外,通过国际协调部门,日系当地化(trans plant)VE、VE 方案应用、成本数据的完善也得以推进。

另一方面,在当地企业,NUMMI 的财务进行 NUMMI 内部的成本企划会议和目标成本细分,采购方面也不断推进成本企划活动的标准化和指南化。在这个阶段,也可以认为与成本企划相关的管理会计职能开始在当地发挥作用。此时纳入 VE 的供应商数达到约 50家,对开发阶段 VE 的理解也增进了很多。

设计公司 TTC(Toyota Technical Center,丰田技术中心)参与海外VE 研讨会,以及生产技术公司 TMCS(Toyota Motor Corporate Service,丰田汽车公司服务)施行的外购型成本降低方案也非常重要。在这个阶段,通过海外部门,成本企划的协调职能开始独立发挥作用(见图 4-14)。

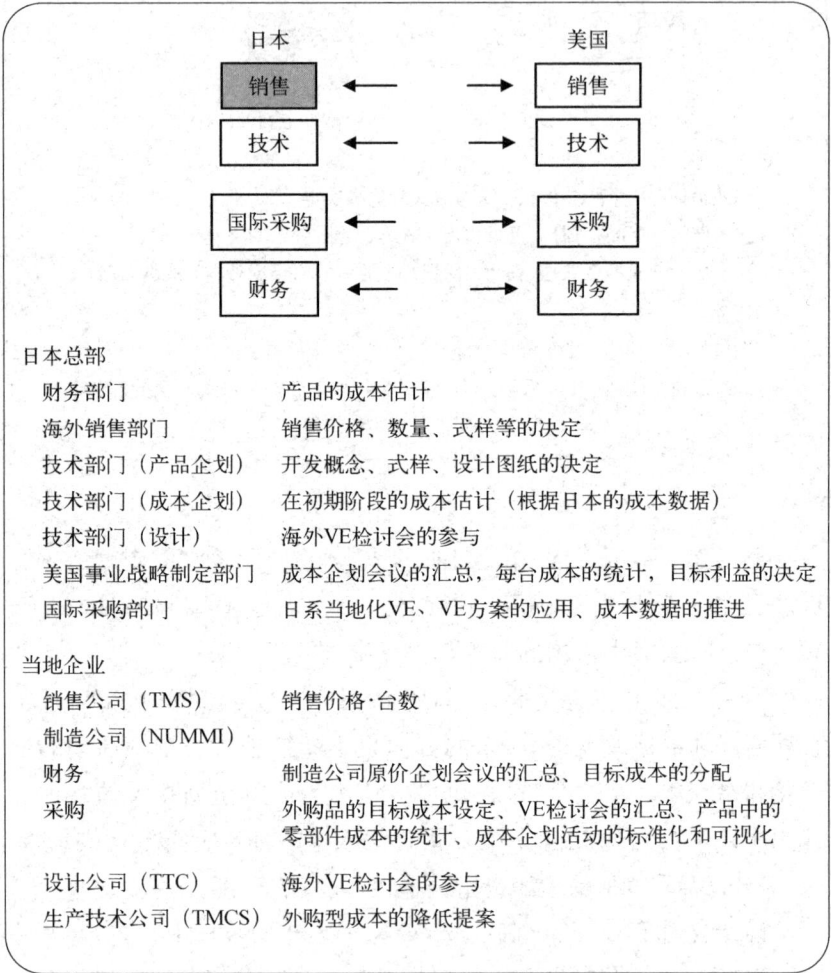

```
                    日本                        美国

                  ┌────────┐                ┌────────┐
                  │  销售  │ ◄──────  ──────► │  销售  │
                  └────────┘                └────────┘

                  ┌────────┐                ┌────────┐
                  │  技术  │ ◄──────  ──────► │  技术  │
                  └────────┘                └────────┘

                  ┌────────┐                ┌────────┐
                  │国际采购│ ◄──────  ──────► │  采购  │
                  └────────┘                └────────┘

                  ┌────────┐                ┌────────┐
                  │  财务  │ ◄──────  ──────► │  财务  │
                  └────────┘                └────────┘
```

日本总部

财务部门	产品的成本估计
海外销售部门	销售价格、数量、式样等的决定
技术部门（产品企划）	开发概念、式样、设计图纸的决定
技术部门（成本企划）	在初期阶段的成本估计（根据日本的成本数据）
技术部门（设计）	海外VE检讨会的参与
美国事业战略制定部门	成本企划会议的汇总，每台成本的统计，目标利益的决定
国际采购部门	日系当地化VE、VE方案的应用、成本数据的推进

当地企业

销售公司（TMS）	销售价格·台数
制造公司（NUMMI）	
财务	制造公司原价企划会议的汇总、目标成本的分配
采购	外购品的目标成本设定、VE检讨会的汇总、产品中的零部件成本的统计、成本企划活动的标准化和可视化
设计公司（TTC）	海外VE检讨会的参与
生产技术公司（TMCS）	外购型成本的降低提案

图 4-14 成本企划的海外开展（第二阶段）

（3）第三阶段：海外各部门之间和日本总部的协调

1997年随着卡罗拉的换型，当地的销售公司（TMS）提出了降低成本的要求，这预示着丰田车进一步渗透美国市场，而且必须在严峻的成本要求下寻找对策。

另外，从北美成本企划本地化的观点来看通过NUMMI会计部门，海外各公司参与成本企划会议是非常重要的。从总部反馈的北美自加工品、外购品双方的成本数据来看，当地采购部门提高了初级阶段的预算精准度，VE的成果也得以确保。

通过NUMMI产品策划部门推行的规格、成本最优化提案，以日本主任工程师（产品经理）为中心的产品企划和当地产品企划之间的职能开始分离。比如，开展与竞争车型的比较分析，供应商之间VE会议等。甚至在式样、外观评价，模具、注模方案评价等试做阶段之前就已经开始分离。

通过北美成本数据向日本总部技术人员的反馈，北美很多好的想法也开始被日本的产品借鉴采纳，这一举动对今后的成本企划也尤为重要（见图4－15）。

（4）第四阶段：总部与海外各部门多样化的协调

这一阶段，汽车的基本设计（底盘和发动机等）在日本总部进行。上部车身则采用分开设计的方式，如在日本销售则由日本设计部来设计，如在海外销售则由当地设计部来设计。比如，以1994年由TMMK生产的凯美瑞coupe为例，它的开发是国际水准的，也预示着产品开发从逐次型向同期型的转变。

在这个情况下，总部开发部门和海外子公司开发部门（包括总部主查和当地主查的关系）的角色分担成为成本企划有效性的重要因素。另外，像家电产品一样，很多面向日本市场的产品，却不在日本生产的情况也越来越多，基本设计在海外设计部进行的案例逐渐增多，成本企划的所有步骤，都在当地的开发部门进行（见图4－16）。

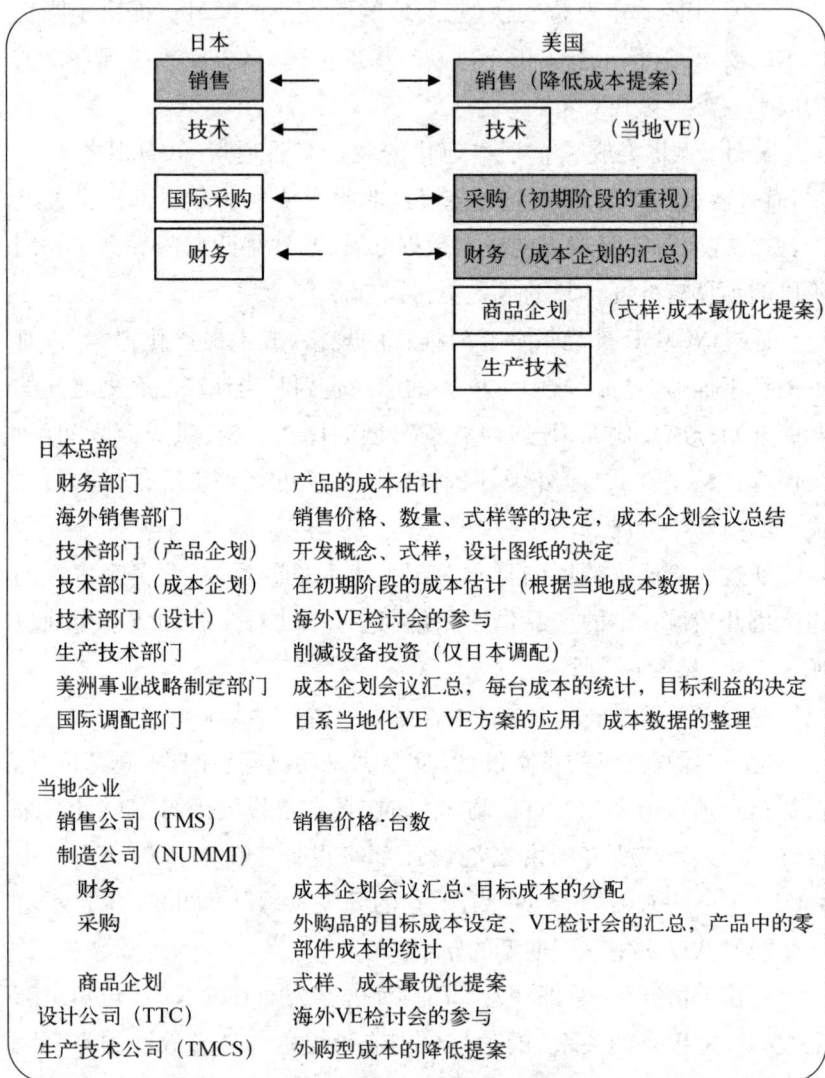

图 4-15　成本企划的海外开展(第三阶段)

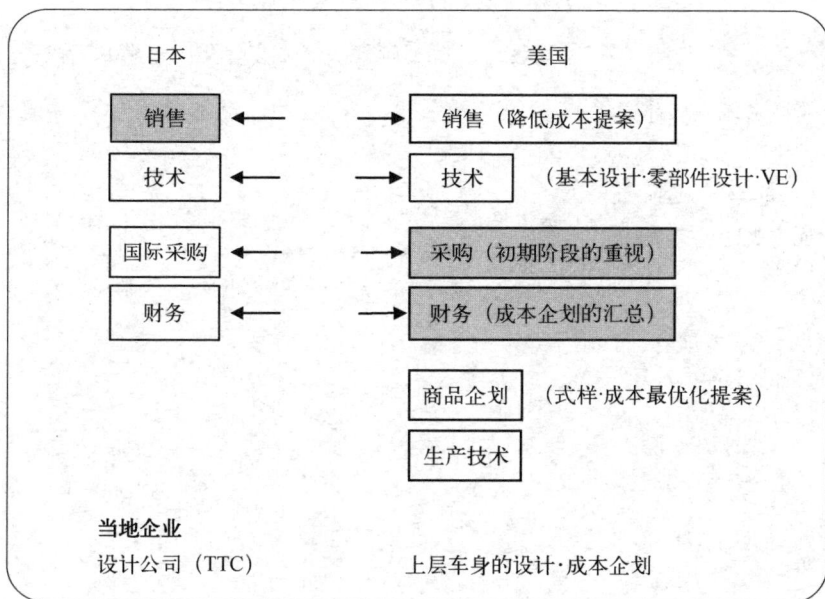

图 4-16　成本企划的海外开展(第四阶段)

在这个阶段,比起先端技术、零部件或生产方式等各种知识,从日本总部向海外子公司的单向"转移",海外子公司的各项技术也反过来回流日本总部,达到双向的知识回流,国际标准的企业学习成为可能。以成本企划的全球同步管理体制为基础,标志着成本企划"全球展开"迈开了第一步。成本企划的各类活动,从原来总部主导的部分"转移",变成了现在由总部的各部门和各海外据点强有力结合为前提的"展开"。在企业具体表现为 TTC(Toyota Technical Center,丰田技术中心)开发能力的强化,以及 1996 年 TMMNA(Toyota Motor Manufacturing North America,丰田北美公司)作为北美的生产总部开始了各项活动。

在各阶段会计水平的差异可总结为表 4-2。

表 4 - 2   成本企划的海外开展：会计体系的变迁

	第一阶段	第二阶段	第三阶段	第四阶段
车辆全体的目标利益	○	○	○	○
销售价格和预计成本之间的差异确认	○ （预想成本是根据日本的成本数据）	○ （预想成本是根据日本的成本数据）	○ （预想成本是根据当地的成本数据）	○ （预想成本是根据当地的成本数据）
必要成本降低额	○	○	○	○
设计的分配	×	△	△	○
零部件的分配(设计成本目标)	×	×	△	○ 活动：日本和现地共同
购入单价目标设定	○	○	○	○

（出处）冈野治（1995）

3. 成本企划的国际比较

（1）成本企划的三个侧面和国际比较

为了对海外比较进行梳理，以下就成本企划的三个侧面分别进行了论述。

在成本企划的国际展开理论上最为重要的是"社会体系"。为了促进现场供应商共同参与设计，当地的贸易惯例和工会问题等很多方面都需要检讨。另外，环境问题和制造物责任（PL：Product Liability）等对生产周期（成本）的影响也不容轻视。

考察成本企划系统的国际比较，"社会体系"的观点是必不可少的。也就是说，作为会计体系虽然多少会有差别，但成本企划的相同之处有很多，要找到海外体系之间的差异并不是件容易的事情。

"社会体系"是"会计体系"和"管理体系"两方面所影响的。作为结果,对支持成本企划的其他板块也会带来很大的影响。

不同的"社会体系"也可以改变"会计体系"和"管理体系",反过来讲,新的"会计体系"和"管理体系"也能创造出新的"社会体系"。其原因是,产品开发团队的成员和成本企划人员存在责任权限的差异、认知的差异、计数方法和实体管理的关联性的认识差异等。

此外,随着成本企划的海外发展,成本企划系统的自身性质的变化也应该被关注。日本企业的海外据点,由于产品的种类有限,如果以供应商间共同参与设计为前提,开发据点的扩大等会导致投资回报需要花费很长的时间。这时以设计成本、加工成本为中心、从以一个产品为单位的成本管理(制品成本管理)转变为事业战略型的成本企划(包含开发费的管理、生产准备成本的管理)。也就是说从"成本工程学型"过渡到了"利益工程学型"。

另外,作为新的"经营系统",构筑成本企划系统是非常必要的。但是(企业内外)看不见的变数有很多,想要全局掌控并不容易,这点必须留意。

（2）全球成本企划中各规则的理想状态

在全球背景下推进成本企划的时候,"理念和原则""运用标准""评价规则"等规范会如何演变呢?

梶田明确了英国日产的成本企划推进过程,并强调了规则必须要简单明了地让全员理解。否则,在成本企划推进过程中,组织团结一致的激情不会高涨。各组织和供应商之间也可能会出现不和谐之声。如果说零部件设计更多依赖供应商的话,这个问题会更为突出。

另外,梶田还强调了主任工程师(日产叫主管)拥有预备费用的重要性,除此之外,海外设计变更的预备费和未达预备费(未达成目标成本的预备费)也很重要,同时强调了设计变更中制定规范的必要性。更进一步来讲,梶田还指出了设计技术人员和生产技术人员之间的交流不足问题。

关于这些成本企划中,行为的偏差和交流中的问题等,成本企划的会计体系和管理体系的理想状态也会随之改变。

(3)组织间的协调

在这里要提出的观点是,产品开发在日本总部和海外据点间进行国际分工的情况下,其成败与否取决于两者之间协调,如何部署尤为重要。

当地生产刚开始的时候,当地制造部门的采购人员与供应商之间起到了关键的作用。这是因为丰田要求必须提高当地采购率。但是在海外,特别是汽车制造业,企业组织很多时候是由不同职能部门构成,所以成本企划的统帅应属于什么部门,在具体实行的时候会遇到很多问题。

英国日产(NMUK)当初成本企划部门隶属于设计公司 NETC,但被认为它并不是中立的立场。在日本,财务部门有时候起到成本企划办公室的作用,有时候又充当开发部门商品企划中的协调角色,根据公司不同作用往往不同。这一部门归功于会计职能的高度分散化,但是如果海外据点也卷入成本企划活动中的话,又会有怎样的变化? 它的经济依据是什么? 这将是值得深思的问题。

Euske 等人在对美国 10 家公司进行了实地调查之后,对高层管理人员和现职部门之间存在的独立纽带作用进行了分析。在日本企业中,协调角色这一职能,在各部门中被掩埋的倾向很强,随着开发过程的深入,从成本工程师到采购负责人再到财务负责人,作为协调角色的担当者变化得很频繁。关于这一点可以参考前章节所讲的丰田北美成本企划的展开过程,有助于帮助理解。

(4)特邀工程师

在产品开发的国际化展开过程中,供应商共同参与设计和开发采购变得尤为重要。与海外的供应商共同设计的过程中,最大的难关是如何在购买合同签约前从供应商手中得到 VE 方案。日本企业间合作的时候,无论是系列供应商还是独立供应商,零部件的品质和供给体制没有出现特殊问题的情况下,会默认下次新车型的订单也同样给该供应商。

"特邀工程师制度"(或者叫常驻工程师制度)作为信息共有化的"管理系统"而被广泛关注。在组装工厂的开发网站上有常驻供应商工程师的系统,它被认为是能够迅速获取有关开发进度、设计变更以及竞争车辆的开发等信息的有效结构。

但是,与组装工厂共同开发的不仅是产品工程师、制造工程师、成本工程师等,也有成本管理经理和管理会计工作人员、销售工作人员在内的"专属团队"共同进行。

作为海外的成本企划问题,能否对当地供应商提出的 VE 提案迅速给予评价。如果由日本总部的技术部门进行,需要花费大量时间和实验设备,从而产生大额的投资。

另外,为了促进共同设计开发,设立了提案奖励制度。这在日本并没有明确的规定,以往都是"以接受订单作为供应商努力的回报",这也是在长期贸易惯例的情况下看不到的问题。

(5)与供应商间组织学习的国际展开

① NUMMI

之前的章节描述过,日本式供应商关系是高品质低成本产品战略诞生的源泉。丰田汽车和通用汽车的合资企业 NUMMI 也在不断摸索与供应商之间的关系。具体来讲,就是丰田如何把长年积累的改善、看板、JIT(准时化)等的"丰田之道"落根供应商。这时候起到重要作用的是采购部,采购部的人员会定期访问供应商,并提出适当的意见或建议。具体的方法可以举出以下三点。

第一,9 家加利福尼亚州的供应商共同设立了一个叫作 GAMA 的网络组织平台。其目的是为了与供应商之间共享一些关于 JIT 的信息以及促进供应商之间的学习。开展的方法是授课形式、现场实操学习(on-site training)、工厂参观等教育方法。初期采购部门的工作活动比较简单,但随着汽车种类的增加和当地调配率的上升,供应商的数量也在增加,这时也就需要采取各种各样的方式(见表4-3)。

表 4-3　NUMMI 的生产种类和供应商数的变化

	生　产　车　型	供应商数量
1984 年	雪佛兰·诺瓦	84 家
1988 年	同上	105 家
2000 年	花冠,雪佛兰·杰傲·普林斯,塔科马	140 家

第二,1990 年导入 VE/VA 的时点。为了向顾客提供品质优良、价格公道的产品,NUMMI 设定的"零部件等级的目标价格相一致"非常必要,为了达到这一目标的管理体系,也可以说就相当于是成本企划。

第三,供应商表彰过程。这是为了选拔优秀的供应商,从"品质""交货期""人才培养""沟通"等方面(具体的评价指标),一年开展一次供应商表彰大会。

② 丰田供应商支援中心(TSSC：Toyota Supplier Support Center)

TSSC 是 1992 年丰田在美国肯塔基州建立的真正意义上独立的生产基地,把丰田生产方式迁移到北美企业作为己任。1996 年北美生产据点 TMMNA(位于肯塔基州厄兰贾)成立后,TSSC 被转移到 TMMNA。值得注意的是,TSSC 对汽车供应商以外的企业也有技术支持。为确保自愿性,强调中立的立场,TMM(TMMNA)的采购负责人之间不允许进行信息共享。这预示着"社会贡献"的同时,也是对旧有"强制的自愿"进行批判。

TSSC 有 22 名成员,到目前为止支援过的企业超过 80 家,举办过研讨会的企业约有 140 家。TSSC 的改善活动分成下面的四个阶段。第一阶段评价、互相评价。第二阶段,TSSC 的分析团队选择一条生产线,然后对生产线进行指导。第三阶段,经过 6、7 个月的时间,指出改善点,跟踪指导。最后阶段,导入后也同样对改善系统是否运作良好进行跟踪调查。

在这里应该重视的是,这种关系并不是单方面的,而是直面各种各样的问题,摸索实际运行中的环境背景,找到真正的解决对策而不仅是处理办法。丰田生产方式不是"技术性的工具和手法",而是"以人为本的体系"。

③ 澳大利亚丰田

澳大利亚丰田作为供应商的组织学习系统导入了标杆供应商、自主研团队、供应商区域网络等三种方式(见表4-4)。

表4-4 澳大利亚丰田的组织学习系统

组织学习系统	对应的日本系统
标杆供应商	……
自主研团队	自主研
供应商的区域网络	协丰会

第一,标杆供应商(showcase suppliers)是指丰田选出的关键供应商,并针对计划、生产工艺、人才培养等方面提供支援帮助,使其成为"榜样"。具体体现为选出了 DMG Industries 以及 Kozma Engineering。其目的是通过丰田生产方式、成本企划、全面质量管理(Total Quality Management,TQM)等向供应商展示成果和具体方法。

第二,自主研团队。如上所述,这个主要由丰田内部的生产调查部组织的活动。成员都是对改善不断追求的供应商,通过丰田的支援体系,学习最好的改善经验和精益生产方式。虽然不像标杆活动那么集中,但通过访问海外的同行企业,在对标国际水准的改善经验的同时,也达到了宣传自己公司的目的。

　　第三个,供应商的区域网络(supplier regional networks)。定期的组织丰田学习,也从标杆供应商处吸取经验。供应商相互学习的组织构架与上面的自主研有共同点,但是更加强调地域贡献。具体表现为构成了 7 个供应商间的区域网络,包含了关键组件供应商在内的 100 多个行业。

4. 结语

　　以上,通过对丰田北美据点的案例,对成本企划的国际展开,特别是组织间活动的网络工作方法,组织间活动的特邀工程师制度和供应商之间相互学习的国际推进等进行了探讨。在全球化的环境中,为了有效地发挥成本企划的职能,还存在着很多问题有待解决。

结语

　　在丰田,技术部门中担当成本企划的 EQ(优良品质)推进部(2013 年 9 月更名为"产品成本企划部")以及它的前身部门,是不大与研究者接触的。每天只沉浸在自己工作中,对于成本企划属于经营学的范畴这一点,我也感到十分的新鲜和惊讶。告诉我这件事情的是本书的共同编著者冈野浩先生。之后,我开始担任大阪市立大学院(特训课程)的老师,同时也在名古屋工业大学"汽车工程概论"课程中担任成本企划部分的讲师,接触研究的机会逐渐增多。

　　从产品开发全体的广阔视野来看,如第三章的专栏所写,名古屋工业大学机械工学科的"汽车工程(设计、车体篇)"课程中,小西雄三常务理事(原 EQ 推进部长)也有担任讲义的先例。

　　也就是说,成本企划的讲义资料并不进行一般性公开,只是通过研究者或者学生刊登在公刊学报上,以前我也认为只要总结在我的著作里就可以了。但是丰田的产品开发如果少了成本企划是无法描述清楚的,反过来只谈成本企划也无法认识产品开发的全貌,它只是一个方面。总之,产品开发和成本管理必须放在整体上去理解。

　　本书主要是围绕产品开发的主要职能,从产品企划、外观设计、车辆设计的角度来演绎包含成本的整个企业活动,追求真实地还原隐藏在其中的成本企划。并且在最后的产品开发中,作为成本企划实践活动的引导者,以 EQ 推进部门的立场,描述了组织结构及运作。

　　本章中也有几处没有表述清楚的地方,列举其中两点进行补充。首先案例 4 中的两个案例的回答。例 2 相对比较简单,直接写出答案。也就是说单纯累加出来的成本，并不能作为合适的标准。由市场决定的售价以及企业为了生存所必须保有的适当利润之间的差才是目标成本。这也是成本企划的根本。例 1 稍微难一些，A 社是 105 元，B 社是 108 元，如果只是这两个信息，并不能判断到底谁是应有的成本，到底应该与谁做生意。案例 4 继续读下去的话，会发现"预定 VE 评价的修正""反弹""提高精度""产线产能和瓶颈""安全的高质量"等关键词。预算阶段，品质和性能根据怎样的要求能达到什么样的水平，VE 提案的可实现性有多少等，两个不同企业的未确定因素有很多。对此的认知错误将导致无法正确判断。另外，作为供应商长远来看，保持稳定的供货也是十分必要的，还要有制造现场的实力以及财务状况等的评价。A 社和 B 社的各种因素如果很难去标注甲乙的话，则只是用算数得出的结论。

接下来阅读 4 - 2 中，吉田老师提出了业界全体的课题——品质和成本并存，并讲述了丰田的做法。第三章第四节"设计工作中的品质保证活动"中可以读到具体的操作方法，但却没有写清楚它和成本之间的关系。但是关于这一点，丰田的态度是非常明确的——"品质第一"。虽然一直都是这个方针，但是经过了一连串的质量问题，2010 年 4 月丰田又制定了"我们的思想"，更加强调了这一概念。当然成本企划是持续性实施的，因此设计者一直都有降低成本的压力。但是如果设计者在品质这一环也绝不让步的话，我们作为成本企划的推进者也会尊重设计者的主张。这一点也是不容有异议的，成本的降低要建立在品质保证的基础之上。

这对于我们来说是寻常之事，但是放在外部的公司也许很难理解，也不乏这样的案例。比如丰田的产品开发，我们知道设计或试验等各部门和车辆的主任工程师可以组成一个矩阵组织，两重的管理之下，横纵轴的主张是否会发生冲突？经常会有这样的疑问。第一章第四节中，以"主查制度"为首的各部门的主任工程师开始发挥作用并且具有了一定的地位,的确有时候会出现横纵轴的意见分歧。这种情况下则是在调整的前提下最终以尊重主任工程师的意思为准,但是这里说的调整指的是主任工程师能够说服各部门进行。

加上委员会活动之后,更是达到了三坐标的组织结构,也会不断出现应该以哪一方的意见为准的争论。第四章中的图4-3,比如从RR-CI委员会的横切面来看,矩阵组织的原始面貌也就清晰了,委员会活动就是充分发挥产品开发组织的作用,给予一定的课题,促进企业的全面活动。另外,委员会的主管由企业董事担当。总之委员会就是以公司的角度来鸟瞰开发部门,主任工程师不可以与委员会的活动方针相违背。

本身委员会活动就是跨越不同车型而进行的活动,主任工程师可以把其他项目中得到的成果应用在自己的项目之中。并且如果自己的项目处在领先地位时,可以帮助委员会旗下的设计者和采购者推进活动,作为鼓励甚至可以让他们担任一部分委员会的工作。总之,不要把主任工程师看作被委员会支配的部门,而是要考虑如何更好地利用主任工程师去开展活动。

那么,这些产品开发的活动与成本企划之间究竟有着怎样的关系呢?"通过报酬奖励来管理"经常会有这样的误解。比如我遇到这样的问题,对于达到成本企划目标的设计者应给予怎样的待遇? 从管理系统的角度来看丰田成本企划,首先提出目标,再根据目标展开达成活动。存在把活动定量化进行成果与基准比较的方式,但通过奖励来进行管理的层面是没有的。总之,如果设计者担当的零部件达成了成本企划目标,工资给予多少幅度的上涨,这种关联性是不存在的,这点可能很难理解。的确设计者这个工作会自然流露出希望生产出"好产品"的心态,但要生产出"便宜的产品"这点,好像很难自发产生。所以,如果没有任何回报的话应该不会拼尽全力来降低成本去达到目标,这一点也不是不能理解。

　　但是,管理中也有运用组织文化来管理这么一种观点。文化是确信的价值观和信条。如果问丰田设计者他们的使命是什么,很多人都会回答把物美价廉的产品传递给客户。"物美"和"价廉"分开的话,首先一般的设计者都会非常强调"物美"的意识,这里的"价廉"并不是之后再附加的条件。就像设计者并不是为了回报才去设计好产品一样,价廉也是理所应当要去追求的目标。总之,直接根据成本企划的结果给予奖励的体制是不存在的,这里有的只有"文化"。

　　有时去解答大家的疑问,但也有人不能认同。企业中的行为要向外部的人去说明的确不是件容易的事情,这也不仅限于丰田。为本书提供资料的时候,各个课题的精通者不惜余力地给予了帮助,但还是会有难以表述完整的地方。比如成本企划的周期需要两年多时间,按照每一天去划分的话内容非常庞大,再一个一个进行说明的话很难想象要花费多少篇幅。如果产品开发的全过程也这样去分解的话更是如此。即使对每一个细小的工作都进行解说,读者可能也会因为理解不了而感到无聊。因此,在有限的章节里,尽可能解释得让读者容易理解,但这也不是件轻松的工作。

　　著书的想法刚开始的时候,并没有想要动用到设计部门高层的力量,但是结束时再来看,从高层管理者到实际担当者,直接或间接地得到了很多人的帮助。执笔以及为我们提供资料的员工们,自身工作已经非常繁忙,又被我们赋予了如此艰难的一项任务。大家并没有把工作转交给他人,而是利用下班时间在家中完成。因此不但要感谢这些员工,更要感谢他们的家人。

　　借"汽车工程概论"的缘分,请到名古屋工业大学教师仁科健老师及前教授木村徹老师(现川崎重工业株式会社首席联络官)两人执笔了论文部分。通过冈野老师,也有幸请到庆应义塾大学的吉田荣介老师、名古屋大学的木村彰老师、大阪市立大学的卜志强老师来参加执笔,在此表示由衷的感谢。

　　站在各种不同的角度,凝聚不同的人来共同努力完成一项工作,这本身也像一个产品开发的过程。成品终于顺利下线,我也算虚拟体验了一把主任工程师的感受吧!

小林英幸

2015 年 1 月

编者简介

【编辑】

冈野 浩

大阪市立大学都市研究中心教授,同时兼任大阪市立大学研究生院经营学研究科教授。经营学博士(大阪市立大学)。在丰田汽车人事部人事科任职后,进入大阪市立大学研究生院经营学研究科深造。取得硕士、博士学位后留校任教。专业是战略都市经营、都市品牌、区域开发、产品开发与创造性经营等。多年来致力于以联合国教科文组织(United Nations Educational, Scientific and Cultural Organization,简称 UNESCO)和各国植物园等为中心,构建城市研究的国际网络。美国会计史学会(Academy of Accounting Historians)前会长。创办了 Elsevier 出版社旗下的英文期刊 *City, Culture and Society*,现任执行主编。出版过《日本式管理会计的展开》(中央经济社出版),《全球战略会计》(有斐阁出版),*History of Management Accounting in Japan*(Emerald 出版社)(本书获得美国会计学会·历史部门 2018 年 Hourglass 奖)。2014 年开始兼任上海国家会计学院(直属中国财政部)的特聘教授,阿米巴经营研究中心主任。

小林 英幸

1980 年就职于丰田汽车,从事设计、产品企划、成本企划等工作。2016 年 7 月成为 SBI 大学院大学教授。主要担任运营管理、管理会计以及商业计划演习等课程。大学本科毕业于名古屋工业大学信息工程学院,硕士毕业于名古屋商科大学研究生院管理研究科,博士毕业于名古屋大学研究生院经济学研究科。著作包括《成本企划和丰田的工程师们》(2017 年,中央经济社出版)等。

【执笔】

木村　彰吾

名古屋大学研究生院经济学研究科教授,经济学博士。

1962 年出生于爱知县。1985 年名古屋大学商学院经营学院本科毕业,1990 年名古屋经济学研究科博士毕业。曾担任名古屋大学经济学院副教授。研究方向为管理会计。出版过《关系性模型和管理会计》(税务会计事务协会)。

木村　徹

川崎重工株式会社摩托车 & 发动机企业主管、联络官。

1951 年出生于奈良县。1973 年武藏野美术大学造型学院毕业,进入丰田汽车工业就职。以卡瑞娜(Carina)硬顶敞篷的原始设计为开端,拿过很多次好设计(Good Design)奖。从 2012 年开始到现在任公司设计部长,名古屋工业大学研究生院教授。发表过《汽车设计的 10 年》《汽车技术会报》等论文。

仁科　健

名古屋工业大学研究生院工学研究科教授,工学博士。

1952 年出生于冈山县。1977 年获得名古屋工业大学经营工学硕士学位。1990 年获得工学博士学位。1977 年曾担任名古屋工业大学工学部的助理、讲师,现任副教授。研究方向为品质管理和数据分析。出版过《统计的工程管理》《近代品质管理》等书籍。

卜　志强

大阪市立大学研究生院经营学研究科准教授,经济学博士。

1962 年出生于中国山东省。2002 年名古屋大学研究生院经济学研究科毕业。曾担任大阪市立大学商学部专任讲师,2006 年起任现职。专业是成本会计,管理会计。出版过专著《技术革新创造可持续发展社会》,发表过《市场链管理与阿米巴经营之比较》等论文。

吉田　荣介

庆应义塾大学商学院教授,经营学博士。

1968 年出生于大阪府。2000 年神户大学研究生院经营学研究科毕业。2012 年任职庆应义塾大学商学院专职讲师,副教授等。出版过《成本企划的力量》《日本管理会计的探究》《经济·经营的统计学》等书。

安井　慎一

丰田汽车公司,产品企划总部主任工程师。

1963 年生于爱知县。1988 年明治大学研究生院工学研究科毕业,后进入丰田汽车公司。曾任职于开发企划部,车体设计部,1995 年担任第 2 企划部威姿车型担当。1997 年调职到产品企划部负责 Funcargo、bB、Ist、Corolla（卡罗拉）等车型担当,2006 年担任北美拉罗拉 CE。现任 Corolla（卡罗拉）、Auris（奥利斯）、Sion tC、Sign - On xB 的 CE。

泽　良宏

丰田汽车公司设计总部常务理事兼国际设计企划部长。

1957 年出生于滋贺县。1980 年京都工艺纤维大学工艺学部毕业,进入丰田汽车公司。主要负责小型精巧、运动型汽车的内外装设计。1989—1992 年曾在美国任职,出任小型车辆 CE,负责车辆开发和先行开发。2005—2007 年期间在欧洲任职。后回归设计总部,2013 年开始担任常务理事。

小西　雄三

丰田汽车公司车体技术领域常任理事。

1958 年出生于爱知县。1981 年毕业于名古屋工业大学机械工学科,进入丰田公司工作。入职后一直负责车体设计,从 2005 年开始出任第 1 车体设计部部长。曾任 EQ 推进部长,车辆底盘企划部长等职务,从 2012 年开始担任车体技术领域常任理事。名古屋工业大学外聘讲师。

坂田　浩己

丰田汽车公司产品成本企划部室长。

1967 年出生于爱知县。1990 年毕业于庆应义塾大学商学部,进入丰田汽车公司工。在采购部门负责材料(金属、化学)、零部件(冲压、内外装)的采购。从 2001 年开始的 6 年间任职于工会执行部(专职)。2011 年从采购部门调到产品企划总部,任职至今。

【协作】

浅野　俊幸

广汽丰田汽车有限公司研究开发中心车体开发科长。

1984 年名古屋工业大学研究生院工学研究科毕业,进入丰田汽车公司工作。一直从事于车体设计工作。曾驻英国、土耳其工作,2013 年开始任现职。

饭塚 实

丰田汽车公司产品成本企划部主查。

1975 年长冈工业高等学校毕业,进入丰田汽车工业工作。前后在技术企划室、开发企划室、第一车辆实验部工作。1993 年开始从事成本企划工作。

池田 富荣

丰田汽车公司车体统筹零部件质量监查室长。

1987 年明治大学工学部毕业,进入丰田汽车工作。开始从事关于车体技能零部件、燃料箱等的设计工作,2011 年开始任现职。

石川 智成

丰田汽车公司产品成本企划部组长。

1989 年东京大学研究生院工学系研究科毕业,进入丰田汽车工作。先后在电子技术部、EQ 推进部工作,2011 年开始任现职。1996—1998 年驻英国工作。2011—2014 年驻美国工作。

石原 学

丰田汽车公司第 2 车体设计部主干。

1983 年信州大学研究生院工学研究科毕业,进入丰田汽车工作。先后从事实验、车体及内装设计、成本企划等工作。2011 年开始任现职。

井户 大介

丰田汽车公司产品企划总部主要人员。

1997 年东京工业大学研究生院综合理工学研究科毕业,进入丰田汽车工作。先后在驱动技术部、企业价值开发室、产品企划室等部门工作,2015 年开始任现职。

大参 知幸
丰田汽车公司产品成本企划部技术人员。

1979 年名古屋大学工学部毕业,进入丰田汽车工业工作。先后在海外生产企划部、海外技术部、第 3 企划部工作。2003 年开始从事成本企划工作。

冈田 真
丰田汽车公司总成统括部动力传送企划室专员。

1976 年山梨大学工学部毕业,进入丰田汽车工作。先后从事空调设计、车辆组装、车辆生产技术等工作,2000 年开始开发成本降低方法"CC 解析"法,并指导于工作。

小山田 启
广汽丰田汽车有限公司副总经理兼研究开发总部部长。

1983 年名古屋大学工学部毕业,进入丰田汽车工作。主要负责车体外框的设计,2014 年开始任现职。2001—2014 年驻美国工作。2008—2010 年驻澳大利亚工作。

久富 茂隆
丰田汽车公司总成统括部动力传送企划室。

1981 年东京大学研究生院工学系研究科毕业,进入丰田汽车工作。从事过发动机设计、成本企划。2013 年开始任现职。

佐佐木 巧
丰田汽车公司国际设计企划部主任。

1991 年日本大学艺术学部毕业,进入丰田汽车工作。在设计部负责先行设计、企划之后,先后在海外 C&A 部、EQ 推进部、商品企划部工作,2012 年开始任现职。

清水　直子
丰田汽车公司内装设计部主任。
2006 年京都大学研究生院工学研究科结业,进入丰田汽车工作。先后在 EQ 推进部、内装设计部、技术开发总部工作,2015 年开始任现职。

藤本　弘明
丰田汽车公司产品成本企划部主干。
1984 年大阪大学经济学部毕业,进入丰田汽车工作。先后在堤工厂建筑部、国内企划部、住宅开发部工作。2004 年开始任现职。

蓑　德治
丰田汽车公司丰田设计部主任。
1989 年早稻田大学理工学部毕业,进入丰田汽车工作。负责设计用 CAD 系统开发之后,成为设计人员。在雷克萨斯设计部工作过,2011 年开始任现职。

村木　和史
丰田汽车公司第 2 车体设计部指导职。
2006 年立命馆大学理工学部毕业,进入丰田汽车工作。在 EQ 推进部担当成本企划,流程改善等职务。2014 年开始任现职。

室井　纯次

丰田汽车公司单元统括部动力传送系企划室主查、组长。

1979 年金沢大学研究生院工学研究科毕业,进入丰田汽车工作。曾在车体设计部、采购管理部、内装设计部工作,1997 年开始从事成本企划及成本抵减等相关业务。

后记

　　作为此书的原著者,我们对此书能在中国由著名的上海交通大学出版社出版简体中文译本表示由衷的高兴和真诚的谢意!此时,我们不由得回想起导致此书翻译出版的机缘以及为此成果而付出努力的各位。

　　此书原版在日本刚问世不久,巧遇我的同僚潘山海先生(大阪市立大学特聘准教授)的友人——上海交通大学出版社前社长韩建民先生率其编辑团队一行来大阪市立大学做客交流。当我们把原著赠与韩社长一行供参考时,韩社长一行觉得此书内容新颖而且技术含量高,遂决定带回去探讨翻译出版的可能性。后经同僚潘山海先生与上海交通大学出版社的赵斌玮先生的进一步沟通和调整,又经韩社长开会同意后正式决定了此书的翻译出版事宜。可以说潘先生和赵先生为此书的顺利翻译出版在国际沟通及相关事务调节方面自始至终做出了巨大的贡献!

　　此外,在此书的日中文翻译人选方面,我的同僚卜志强先生(大阪市立大学准教授)也发挥了关键的作用。在此一并表示感谢!

　　还有,作为此书的写作背景,我们不会忘记中国改革开放以后历任上海财经大学产业经济学教授、副校长,后又升任上海国家会计学院首任院长的夏大慰先生给予的学术鼓励和热心支持。借此特铭谢意!

　　我们衷心希望此书能为中日产业的发展和学术交流的深化做出

应有的贡献!

编著者(代表)：冈野　浩

大阪市立大学城市研究中心　教授

大阪市立大学商学院　教授

他们也读过这本书

《丰田产品开发与成本设计》提供了一个由资深学者与实务部门专家携手呈现的、通过业财深度融合进行全流程产品开发与成本管控的成功范例。

——李扣庆

丰田汽车公司的成本管控在日本乃至世界范围都是典范。本书的最大看点在于：丰田汽车公司为何将成本管控的重点放在"成本决定"（即研发设计）而不是"成本发生"以及产品开发过程中怎样将成本与技术、与运营、与客户需求合乎逻辑地融合起来的哲学、理念和方法。本书对那些精于高尖技术而不屑于成本的工程技术人员、对那些"就成本论成本"而罔顾技术、运营和客户需求的财务人员，是最为难得的专业食粮。

——于增彪

In the early 1990s, I had the privilege of leading an industry-academic collaborative project for the CAM-I (Consortium for Advanced Manufacturing, International). The work relied largely on learning from Japanese companies – particularly Toyota and its first line suppliers. Since then, much has changed for the Japanese economy and its auto industry. As global competitors from the US, Korea and China have become more adept at cost management and as the auto industry changes to developing self-driving vehicles, the Japanese industry needs to renew their product development practices. This book makes a timely contribution to understanding the challenges of product development management in the face of new global and technological challenges facing the auto industry.

— Shahid Ansari

I am delighted to see how this excellent book brings to light the ways in which Toyota has navigated through the uncertain waters of recent years and how its strategies for cost planning and product development are implemented 'on the ground'. While focused primarily on the Japanese management context, an important and particularly valuable international dimension of the study is the linkages it explores with developments in the American and Chinese contexts respectively.

This book will be of great value both to company executives and to academic researchers seeking to understand the recent developments shaping cost planning and product development in major companies.

— Richard Macve